スキンケアは
洗顔が9割

Caoru《カオル》
美容家

肌が最高キレイになる
Caoru式「超洗顔」法

PHP研究所

はじめに

シミ・シワ・たるみは、洗顔でつくられる!?

はじめまして。美容家のCaoruと申します。

肌に悩みがある方、もっと美しい肌を手に入れたい方、そして、**毎日きちんと洗顔をしている方に、「どうしてもお伝えしたいこと」**があって、この本を書かせていただきました。

日本人は、世界で一番キレイ好きな国民です。

そして、世界で一番、洗顔をよくする国民です。

朝起きたらまず洗顔。夜は1日の汚れとメイクを落とすために、より念入りに洗顔と、朝晩2回はきちんと洗顔をしている人がほとんどだと思います。

でも、私の知る限り、洗顔で肌の汚れをしっかり落とせている人はごくまれ。

ほとんどの人は、強い洗浄力の洗顔料を使ってゴシゴシと強く洗い、肌を削っているわりには「洗い残し」が多く、それが乾燥やくすみ、毛穴の開きや黒ずみ、シミ、シワ、たるみなど、あらゆるエイジングを招く原因になっています。

たとえば、**「洗顔の後、すぐに化粧水をつけないと肌がつっぱる」**というのは、**洗顔で肌を削っているからです。**

削られた肌に、すぐに化粧水や乳液をつけても、もう手遅れ。

削られた肌は、水分や油分を保持する力をすでに失っています。化粧水をつけるとうるおったような気がするのは幻想で、単に肌の表面がぬれて湿っているだけなのです。

しかも、そのとき肌の表面や内部では、すでに炎症や酸化がはじまっています。

そして、**「洗い残し」が多ければ多いほど、炎症や酸化がさらに進み、くすみやニキビなどのトラブルの原因になっていきます。**

肌には回復力が備わっていますが、毎日2回、朝晩肌を削った上、洗い残しが蓄積していくと、回復するヒマなんてありません。

その結果、エイジングにつながる火種が少しずつ負債のようにたまっていき、やがてシミやシワという目に見える大きな変化となって肌にあらわれるのです。

ですから、**スキンケアの効果は、洗顔が9割**。

洗顔で「汚れだけ」をしっかり落とし、水分と油分が整った肌をつくることができれば、それだけで、肌は見違えるほど美しく変わっていきます。

「ダブル洗顔」するのは日本人だけ!?

美容家として、海外のプロの技術者を指導することも多いのですが、その中でいつも感じるのは、日本と海外の「洗顔」に対する考え方の違いです。

ヨーロッパの女性たちは、洗顔をほとんどしません。スキンケアもとてもシンプルです。

朝起きてシャワーを浴びるとき、体を洗う〝ついで〟に顔もパシャパシャッと洗い流す程度です。

その代わり、彼女たちにとって「拭き取り化粧水」や「拭き取りシート」は毎日のスキンケアに欠かせない必需品です。

朝は、シャワーを浴びても必ず「拭き取り化粧水」で顔の汚れを拭き取ります。その後はクリームをつけて、ポイントメイクをしたら、お出かけ準備完了。

夜のお手入れも、「拭き取り化粧水」でメイクを落とし、「クリーム」をつけるだけです。

洗顔をしない理由は、大きく分けて2つです。

ひとつは、水の問題です。

日本の水は主に軟水ですが、ヨーロッパの水はミネラル分が非常に多い硬水なので、水で顔を洗うとつっぱってゴワゴワの肌になってしまいます。ですから、昔から「水で顔を洗う」という習慣はなく、洗顔はむしろ「避けるべきこと」という認識です。

もうひとつは、**メイクがとてもシンプル**だということです。

これはヨーロッパに限りません。欧米では、都会でも地方でも、フルメイクをしている女性にはほとんどお目にかかりません。

会社に出勤するときも、リップグロスや口紅、アイシャドーやマスカラといったポイントメイクだけ、というのが主流です。

ですから、ふだんは「拭き取り化粧水」だけで十分。人によっては「クレンジング料」も使いますが、クレンジング後は拭き取るだけで、やはりダブル洗顔はしません。

「洗顔しないなんて、考えられない」「肌は大丈夫？」と思ってしまう人も多いでしょう。でもこれは、単なる風土と文化の違いにすぎません。

洗顔以外の方法であっても、「汚れを落とす」「メイクを落とす」ということがちゃんとできていれば、何の問題もありません。

見かたを変えれば、**日本の女性は下地やファンデーション、コンシーラーまで使ってフルメイクをするからこそ、それをキッチリ落とすために、しっかりと洗顔をせざるを得ないだけ**、ともいえるのです。

でも、ここで少し考えてみてください。

日本では顔を洗うのは「洗顔料」、メイクを落とすのは「クレンジング料」と分けて考えますが、本当に分ける必要があるのでしょうか？

汚れとメイクをしっかり落とせるなら、わざわざダブル洗顔する必要なんてないのでは？

ひょっとして、**泡たっぷりの洗顔料を使って、洗顔後に肌がキュキュッとするくらいツルツル・スベスベにならないと、「洗った気がしないだけ」ではありませんか？**

サッパリする洗顔は、もうやめましょう

日本人の肌は、表皮が薄く、真皮が厚いのが特徴です。

一方、欧米人の肌は、表皮が厚く、真皮が薄い傾向があります。

海外の男性たちが日本の女性の肌を「陶器のように美しい」と賞賛するのも、表皮が薄い分、透明感があるからです。

でも、表皮が薄いということは、水分が奪われやすいということ。そして、水分と脂質のバランスが崩れやすいということでもあります。

日本人は肌が弱い、敏感な肌が多いといわれるのは、**洗顔で表皮がダメージを受け、めくれたり、はがれ落ちたりしやすいから。**

また、汚れやメイクは、水と油でできているわけですから、洗顔でそれらを洗浄しようとすると、どうしても表皮の水分と皮脂が一緒に奪われます。これは、避けようがありません。

そこで、「水だけ洗顔」のような、洗顔料を使わない、肌の自浄作用に期待する洗顔方法もあるのですが、それでは汚れやメイクを十分に落とせません。

メリットとデメリットのバランスを考えると、デメリットのほうがずっと大きいといえるでしょう。

では、どうすればいいのでしょう?

先ほどもお話ししたように、洗顔好きの日本人には、「サッパリしないと洗った気がしない」という人が多いのですが、サッパリする洗顔は、肌にダメージを与える洗顔です。

まず、**「洗顔はサッパリするもの」という既成概念はキッパリ捨てましょう。**

そして、ただ肌を守るだけでなく、洗うたびに水分と皮脂のバランスが整っていく、「攻めの洗顔」をはじめましょう。

たった1度で、すべてが変わる「超洗顔」

本書でおすすめする「超洗顔」は、今までの洗顔のイメージとはかなり違うかもしれません。でも、たった1回「超洗顔」をするだけで、お肌のコンディションは大きく変わります。

そのポイントは、次の5つです。

- 洗顔料の選び方を変える
- その日使う洗顔料は、その日に決める

◆（洗顔料を）とにかくたっぷり使う
◆5分かけて、ゆっくり洗う
◆今までの10分の1の力で洗う

さらに、乾燥、ニキビ、毛穴の開き・黒ポツ、シミ、シワ、たるみ、クマ、くすみなど、気になる悩みやトラブルを解消する「洗い方のコツ」もご紹介します。

「たったそれだけで、本当に変わるの？」と思うかもしれませんが、どうぞおまかせください。

また、「超洗顔」で変わるのは、お肌の状態だけではありません。

洗顔は、スキンケアの基本です。本来なら、**洗顔だけで肌の悩みやトラブルのほとんどは解決できるはず**なのに、それができなかったから、さまざまな基礎化粧品や美容液が必要になり、たくさん使ってきたのではありませんか？

そのため、「超洗顔」で肌のコンディションがよくなってくると、基礎化粧品に求めるものも、変わってくるはずです。

そこで、基礎化粧品や美容液などの選び方、使い方のコツもご紹介していきますので、ぜひ参考にしてください。

日本の女性が使っている基礎化粧品の種類や量は、海外の女性たちを驚かせるほど膨大です。「スキンケアはお金も時間もかかって大変」と思っている方は、**「超洗顔」で時間の使い方、お金の使い方もきっと変わっていくでしょう。**

本書が、悩みのない美しい肌、自信を持って誇れる肌を手に入れるきっかけになりますように。そして、もっともっと人生を楽しんでいただけますように。

2020年8月

美容家 Caoru

もくじ

第2章 「超洗顔」の基本

第3章

お悩み別スキンケア

第4章 基礎化粧品を最大限に活かす方法

第5章 肌を元気にするインナーケア

装幀　小口翔平＋岩永香穂（tobufune）
本文デザイン　加瀬梓＋畑中茜（tobufune）
装画、本文イラスト　Mayu（mayunoe）
組版、図版作成　宇田川由美子
構成、執筆協力　城所知子
編集　茶木奈津子（PHPエディターズ・グループ）
校正　西進社

第1章

今、あなたの肌で起こっていること

クレンジングと洗顔を分けて考えるのはやめよう

顔を洗うとき、あなたは何を使っていますか？

一般的には、

◆メイクを落とすときは「クレンジング剤（メイク落とし）」

◆汚れや汗、皮脂などを落とすときは「洗顔料」

といわれています。

このセオリーに従えば、メイクをした日は、「クレンジング剤」と「洗顔料」の両方を使って「ダブル洗顔」しなければなりません。

夜遅くに疲れ果てて帰宅し、一刻も早くベッドに倒れ込みたいときも、「これだけは！」と、丁寧にダブル洗顔している人も多いのではないでしょうか？

でも、**1度に2回も洗顔するなんて、肌には大きな負担です。**

クレンジング剤を使えばメイクと一緒に皮脂や汗、ホコリなども落としてしまえるのに、わざわざもう1度洗顔する必要が本当にあるのでしょうか？

そもそも、**ダブル洗顔という言葉が存在するのは、日本だけ**です。

「はじめに」でもお話ししたように、ヨーロッパの水道水は肌への刺激が強い「硬水」のため、ダブル洗顔どころか、「顔を水で洗う」という習慣そのものがありません。メイクを落とすときもホコリや皮脂などの汚れを落とすときも、拭き取り化粧水（クレンジングローション）で落とすだけ。人によってミルクタイプやクリームタイプのクレンジング剤を使うこともありますが、これでメイクも皮脂汚れも一緒に落としてしまいます。そして、ティッシュオフするか、拭き取り化粧水で拭き取るだけです。

アメリカの場合も、だいたい同じです。化粧品売り場へ行けば、「クレンザー」や「フェイスウォッシュ」という名前がついた商品が何種類も並んでいますが、名前が違うだけで、どちらも「メイクや汚れを洗い流すもの」。せいぜい泡立つか泡立たないかの違いくらいしかありません。そして、これだけでは落ちないポイントメイクは、「リムーバー」と呼ばれる拭き取り化粧水やワイプ（拭き取り化粧水を含ませたシート）で拭き取るというスタイルです。

いったいなぜ日本人は、「メイクと皮脂を2回に分けて別々の方法で落とす」という発想を持ってしまったのでしょう？

よく言われるのは、「日本人は欧米人より皮脂量が多いから、よりしっかり洗顔しないとダメなのだ」ということです。でも、これはとんでもない誤解です。

確かに、日本人は欧米人に比べて皮脂量が多めですが、メイクも皮脂も油です。**メイクが落ちて、皮脂が落ちないなどということは、ちょっと考えられません。**それより問題なのは、日本人の角質層は非常に薄く、欧米人の3分の2ほどの厚さしかないということです。その分、洗顔の際の摩擦に弱いので、**ダブル洗顔は、むしろ日本人には合わない、負担の大きい洗顔法**といえるでしょう。

また、「クレンジング剤の界面活性剤や油をそのままにしていたら、肌によくない。だから、ダブル洗顔はどうしても必要だ」という意見もあります。

でも、**最近の界面活性剤は、肌への負担が少ないものがほとんど**です。

界面活性剤は、水と油を混ぜ合わせるためのものですから、水で洗い流すタイプのものなら、水をつけてしっかり乳化させれば、油も界面活性剤もほとんど肌には残りません。

最近、「メイクも落とせる洗顔料」や「ダブル洗顔不要のクレンジング剤」というキャッチコピーの商品が次々と登場して人気を集めているのも、「わざわざダブル洗顔する必要なんてないじゃない」と、日本人みんなが気づきはじめた証拠ではないでしょうか？

クレンジング剤（メイク落とし）も、洗顔料も、基本的には顔の汚れをキレイに洗い流すためのものです。

この2つをわざわざ分けて考えるのは、もうやめましょう。

そして、肌にかかる負担をできるだけ減らしてあげましょう。

そこで本書では、以降、**クレンジング（メイク落とし）と洗顔を同一化して「クレンジング洗顔」**と呼び、そのための洗顔料を**「クレンジング洗顔料」**と呼ぶことにします。どうぞ、よろしくお願いします。

肌がつっぱる洗顔は、今すぐやめよう

スキンケアに関する記事や本を見ていると、「えっ？」と思うような不思議なフレーズを発見してしまうことがよくあります。

たとえば、「洗顔後は、なるべく早く化粧水をつけましょう」というフレーズをよく見かけますが、これは明らかに「洗顔をすると、肌が乾燥する」「すぐに化粧水をつければ、乾燥を止められる」ということを大前提にしています。

洗顔とは、肌が乾燥してしまうほど危険なものなのでしょうか？

しかも、すぐに化粧水をつければ、本当に乾燥を止められるのでしょうか？

結論からいえば、どちらもＮＯです。

肌が乾燥するのは、角質層の水分と油分が不足しているか、角質層が傷ついて肌のバリア機能が働かなくなっているかのどちらかです。

もし、洗顔後にそんな状態になっているとしたら、たとえ1秒以内に化粧水をつけても、クリームをベタベタに塗りまくっても、手遅れです。ターンオーバー

＝新陳代謝によって角質層が再生されるのをひたすら待つしかありません。

また、**「化粧水は、肌の水分を補うもの」と思っている人がとても多いのですが、残念ながら、それも間違いです。**

私たちの肌は、自分自身を守る「生体防御」のシステムが備わっているため、決して異物を受け入れないようにできています。どんなに優れた化粧水でも、肌にとっては「異物」です。化粧水の水分がそのまま肌の水分になるなんて、ありえません。

ヒアルロン酸などのとろみ成分を配合した化粧水をつけると、「肌がしっとりする」「肌に吸い込まれるように浸透していく」と感じるのは幻想で、実際には角質層の表面がとろみ成分の膜で覆われただけです。だからこそ、しばらくして水分が蒸発すると、また乾いてしまうのです。

化粧水にできるのは、角質層の表面を引き締めたり（**収れん**）、**キメを整えたりすることだけ**です。

化粧水をコットンやシートマスクに含ませて行うパックも、水分を補給するのが目的ではありません。肌をクールダウンさせて乾燥による炎症を抑えたり、美容成分で角質層の表面を整えるのが目的です。有効な美容成分を含まない化粧水でパックしても、お肌がふやけてよけいに水分が蒸発しやすくなってしまうだけ。そこは、誤解のないようにしてください。

もし、**洗顔後すぐに化粧水をつけないと「肌がつっぱる」「ガビガビに乾燥する」としたら、それは、肌を傷つけ、肌の水分を奪う危険な洗顔です。**

そんな洗顔を毎日朝晩繰り返していたら、ダメージがだんだん大きくなり、乳液やクリームなどのスキンケア化粧品をどんなにたっぷりつけてもリカバーできなくなっていきます。

深刻な乾燥肌、敏感な肌の多くは、こうした間違った洗顔によってつくられていきます。

今はまだ、見た目に大きな変化がなくても、10年後、20年後の肌にシミやシワといったカタチであらわれてしまうかもしれません。洗顔後、すぐ化粧水をつけなければならないような洗顔は、ぜひ、今すぐに中止しましょう。

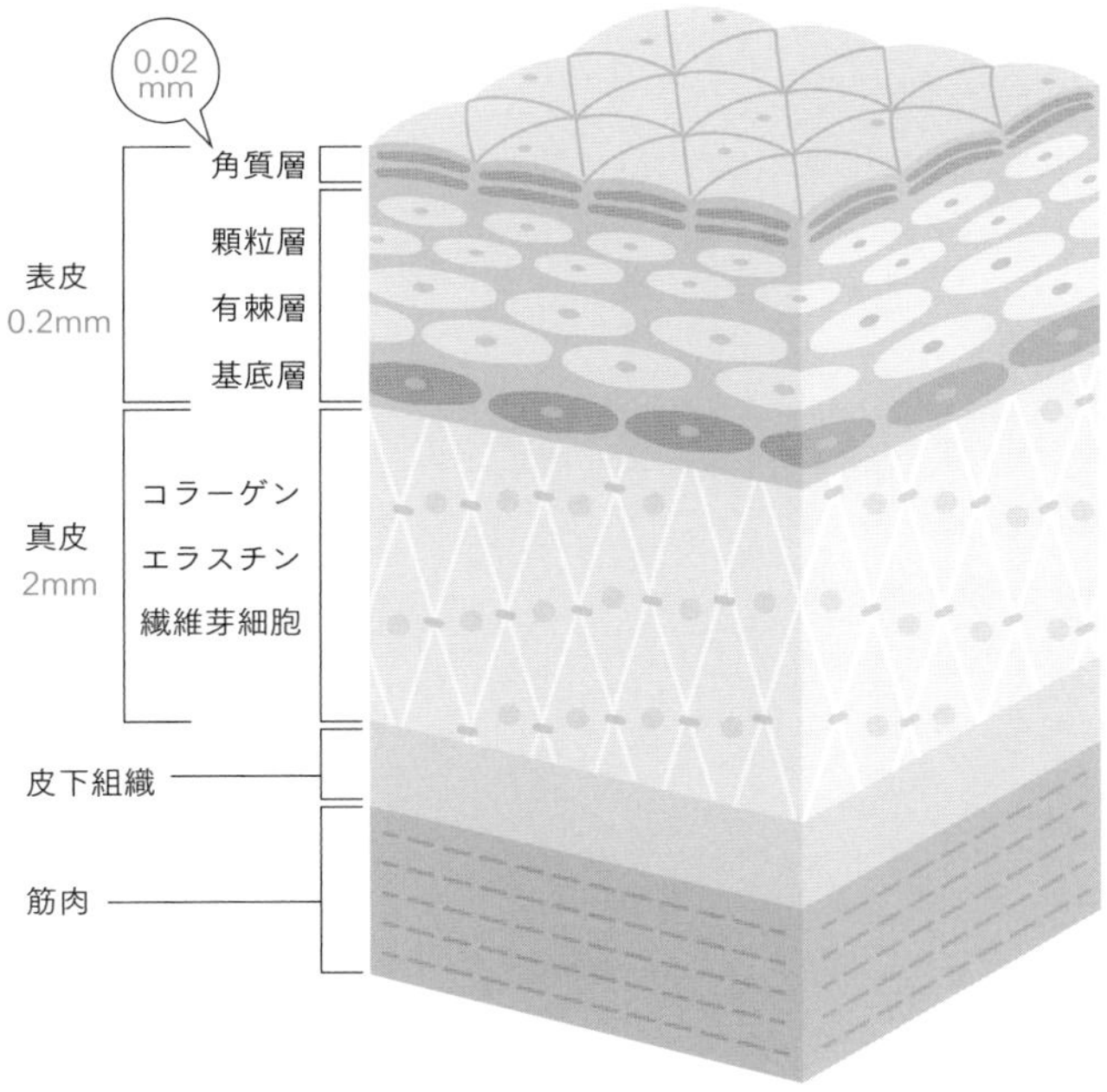

強くゴシゴシ洗ったり、洗浄力の強い洗顔料で洗うと
角質層が傷ついて、肌のバリア機能が低下してしまう。

[角質層の厚さは、わずか0.02ミリ！]

「水だけ洗顔」なら、安全なの？

洗顔で肌が傷ついてしまう要因は、大きく2つに分けられます。
ひとつは、ゴシゴシ強く洗いすぎること。
もうひとつは、洗浄力が強すぎる洗顔料で、肌細胞にダメージを与えてしまうことです。

10代から90代まで、あらゆる世代、あらゆる肌質の肌を見てきましたが、ほとんどの方は、この両方が当てはまります。

ところが、そのほぼ全員が、「自分はやさしく洗っている」と思っていて、強くゴシゴシ洗っているという自覚がありません。そのため、**洗い方よりも、洗顔料の洗浄力、つまり界面活性剤のリスクのほうが大きいと思いこんでいます。**

実際、「水だけ洗顔」のような、洗顔料を一切使わない洗顔方法が、肌トラブルの悩みを抱えている人の間で人気を集めています。

「水だけ洗顔」は、肌の自浄作用や自然治癒力に注目した洗顔方法です。

もし、「水だけ洗顔」を実践してくすみもトラブルもない、美しい肌を保てているのなら、その方には合っているのでしょうから、続けていただいていいと思います。

でも、私個人としては、おすすめしません。

水で洗顔するだけでは、油分の濃いメイクはもちろん、皮脂汚れを十分に落とすことができません。

とくに、肌表面の細かい溝「皮溝」や毛穴に詰まったメイクや皮脂を落とすのはとても難しいため、洗浄成分の力を借りるのがもっとも効果的です。

もし、肌に残ったメイクや汚れが皮脂と混ざり合って酸化したら、毛穴の開きや黒ずみはもちろん、将来のシミやシワをつくる要因になってしまいかねません。

また、皮脂汚れに雑菌やカビ菌（真菌）が繁殖してしまい、かゆみや炎症などを起こしてしまう可能性もあります。

実際、よかれと思って水洗顔を続けた結果、肌に常在するマラセチア菌が大増殖し、ひどい脂漏性皮膚炎や肌荒れを起こして私のもとに助けを求めてくる方もとても多いのです。

そんなリスクを冒してまで界面活性剤を避けるより、**汚れをしっかり落として正常なターンオーバーを取り戻したほうが、肌の自浄力を最大限に活かすことができます。**

何より、洗い残しのないキレイな肌で過ごしたほうが気分がいいですよね。

クレンジング洗顔料は、選び方次第、使い方次第で、毒にも薬にもなり、あなたの肌の運命を大きく左右します。

ところが、残念ながら洗顔に関する情報には、誤解が多すぎます。

日本の常識であるダブル洗顔が、世界の常識ではなかったという事実だけをみても、それがよくわかるはずです。

今までの「常識」にとらわれず、本当にあなたのためになる洗顔をはじめましょう。そうすれば、たった1回の洗顔で、肌のコンディションは驚くほど変わります。「超洗顔」と従来の洗顔との一番大きな違いは、そこにあるのです。

パパッと短時間で洗っていませんか？

「超洗顔」について詳しくご説明する前に、ひとつ質問させてください。

あなたは洗顔に何分くらいかけていますか？

せいぜい1～2分、中には30秒くらいで終えてしまうという人もいるでしょう。でも、そんな短時間できちんと汚れを落とせるでしょうか。

顔には額、目、鼻、頬、唇、あごなど、さまざまなカタチの立体的なパーツがあり、平らなところはひとつもありません。

また、肌の表面をミクロの世界で見てみると、「皮溝」と呼ばれる細かい溝が無数に走っていて、「皮丘」と呼ばれる三角形の模様をつくっています。そして、溝と溝が交差するところに、毛穴があります。

このように、キメが整った健康的な肌にも、「目に見える大きな凹凸」と「目に見えない小さな凹凸」がたくさんあり、**半日もたてば、凹んだところにメイクや汗、皮脂、ホコリ、古くなった角質のカケラなどがどんどんたまっていきます。**

また、肌は夜眠っている間に新陳代謝が活発になりますから、夜寝る前にしっかりメイクや皮脂汚れを落としていても、朝には想像以上に皮脂やはがれ落ちた角質のカケラなどがたまっているはずです。

1〜2分の洗顔でこうした汚れをすべて落とし切るのは、ほぼ不可能。

また、短時間で洗顔をすませている人はたいてい、自分が思っている以上に肌に圧力をかけて洗っているため、肌表面の角質層が傷ついてしまいます。

何しろ、角質層の厚さはわずか0・02ミリ。少し強くこすっただけで、肌が傷ついて水分を失い、「皮丘」がやせてペチャンコになってしまいます。すると、「皮丘」の丘に隠れていた毛穴も露出し、その中にさらにメイクや皮脂などの汚れがたまって黒ずんでいきます。

ですから、**洗顔は「時間をかけてやさしく」が正解。**

顔のパーツをひとつひとつキレイにするつもりで細かくクルクルとマッサージし、汚れを浮かび上がらせるしかありません。

時間は5分を目安に。長い！と思われるかもしれませんが、肌に負担をかけずに汚れを落とすには必要な時間なのです。

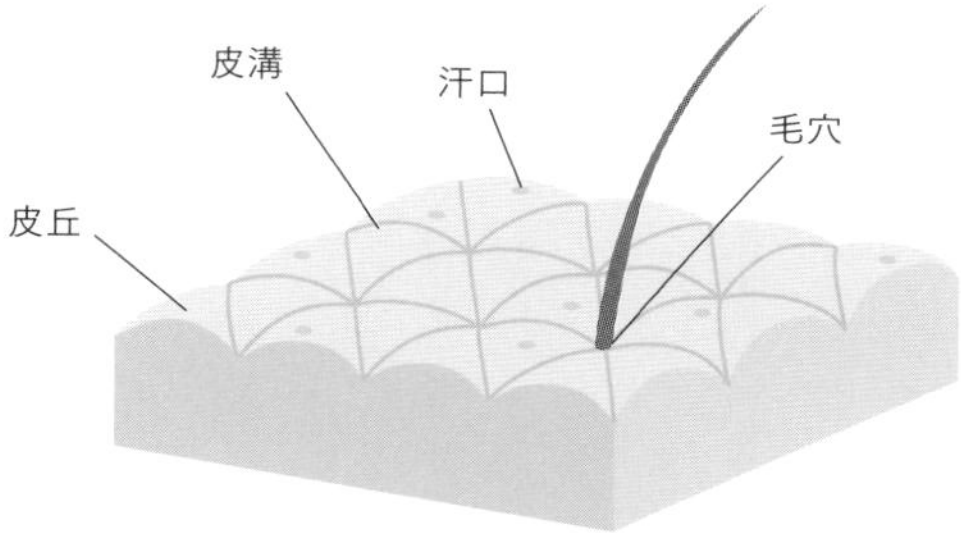

キメが整った肌

「皮溝」が細かくクッキリとしていて、皮溝に囲まれた「皮丘」がふっくら盛り上がって均一に並んでいるため、毛穴が目立たない。

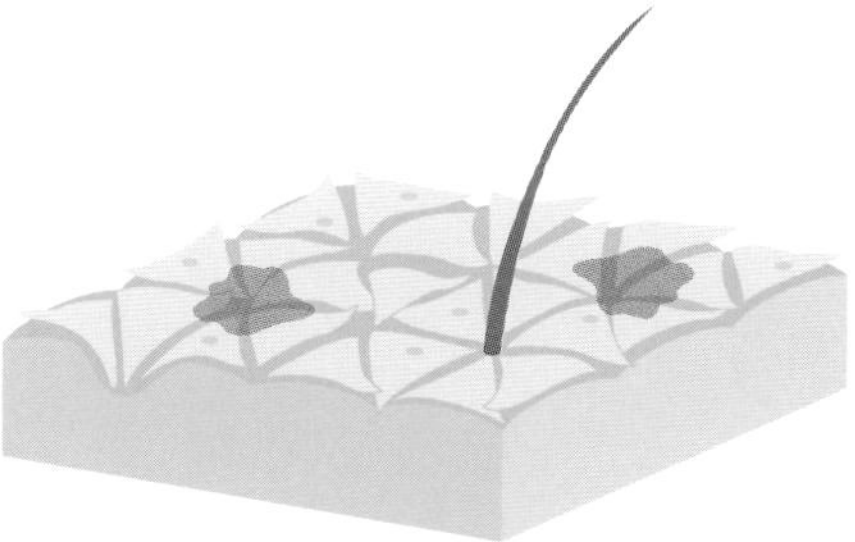

キメが整っていない肌

「皮溝」が広く深くなったり、反対に「皮溝」が消失したりして、「皮丘」の形や大きさがバラバラになった状態。毛穴も目立つ。

[肌のキメと毛穴の関係]

洗い残しは、鏡を見ればわかる！

洗い残しがあるかどうかを確かめるのは、とても簡単です。

メイクした状態でも、スッピンでもいいので、鏡をよく見て、手で触れてみてください。


「顔全体が、なんとなくくすんでいる」

「鼻や目のまわりが、黒ずんで見える」

「鼻の下が、ヒゲが生えているみたいに黒く見える」

「ニキビやニキビ跡が目立ち、ボコボコしている」

「頬や口のまわりを触ると、ザラザラしている」


これらはすべて、「洗い残し」による後遺症です。

このままでは、メイクのノリもよくないでしょうし、今後、乾燥や過剰な皮脂などによって、シミ・シワ・たるみといった老化現象が必要以上に加速していく可能性がどんどん大きくなっていきます。

第 1 章

今、あなたの肌で起こっていること

［ 洗い残しは不調となってあらわれる ］

「超洗顔」の基本は、クレンジングミルク

それでは、いよいよ「超洗顔」の基本的な洗い方をご紹介しましょう。

「超洗顔」で使用するのは、これまで「メイク落とし（クレンジング剤）」だと思われていたもの。それも、主にクレンジングミルクを使用します。

リビングなどでリラックスしながら、約5分間、指でクルクルとゆっくりやさしく指先でマッサージし、ぬるま湯で丁寧に洗い流したら、洗顔完了です。

はじめのうちは、「本当にダブル洗顔しなくて大丈夫？」と不安な気持ちになるかもしれません。

あまりにもしっとりなめらかな洗い上がりなので、「なんとなくサッパリしない」とか、「クレンジングミルクの油分が残っているんじゃないの？」と思う人もいるでしょう。

でも、決してそんなことはありません。

本来、健康的な肌というものは、水分と油分のバランスが整っていてしっとり

みずみずしいだけでなく、なめらかな天然の皮脂膜で覆われています。

長年の習慣で、洗顔に「サッパリ感」を求める人が多いのですが、そういう人が「サッパリした！」「スッピンになった」と感じるのは、洗顔で皮脂膜がそぎ落とされてしまったときです。その状態では、シャワーを浴びてもコロコロと転がる玉のような水滴はできないし、すぐにつっぱるはずです。

5分間クレンジングミルクでクルクルした後は、10分、20分と時間がたってもつっぱらず、肌ざわりもなめらかなままです。

パーティなどでかなり濃いメイクをしたときは、クレンジングミルクよりもっと油分の多いクリームタイプやバームタイプ、オイルタイプのクレンジング洗顔料を使う必要がありますが、その場合でも、石けんや洗顔フォームを使ってダブル洗顔せず、もう一度クレンジングミルクを使ってさっと肌の水分と油分のバランスを整えましょう。どうしてもダブル洗顔したいときは、オーガニック系の石けんでさっと洗い流すだけにしましょう。**サッパリしすぎないことが、超洗顔の基本ルール**です。

クレンジングミルクは、水と油のバランスを整える最強アイテム

なぜ、クレンジングミルクなのか?

それは、**水と油が絶妙なバランスで配合されている**からです。

「水と油」といえば、決して混ざり合うことのない、相性の悪い関係をあらわすたとえにもなっていますよね。

ところが、肌の角質層の中では、水と油が奇跡的にうまく混ざり合い、助け合って肌のうるおいを守っています。

たとえば、先ほどご紹介した「皮脂膜」は、水(汗)と油(皮脂)が混ざり合ってできた「乳化物」で、角質層の水分が蒸発しないよう角質表面を覆い、角質層の水分量を一定に保つ役割を果たしています。

また、角質層の細胞と細胞のすき間を満たす細胞間脂質の大半を占めているセラミドは、脂質なのに水分をガッチリはさんで離さないという特殊能力を持っていて、セラミド・水・セラミド・水……とミルフィーユのように何層も水をはさ

みこんで「ラメラ構造」と呼ばれる層をつくっています。

乾燥の激しい砂漠地帯で肌がひからびてしまわないのも、極寒の南極で肌が凍りついてしまわないのも、このセラミドがしっかり角質層の水分を守っていてくれるおかげです。

このように、水と油なくしては健やかな美肌は成立しないのです。

そこで、クレンジングミルクです。

「油は油で落とす」といわれるように、**クレンジング洗顔料が「油を洗い流す力」は、油分を多く含むものほど強くなります。**たとえば、油分が非常に多いクレンジングオイルは、濃いメイクを落とす力は強いのですが、肌に必要な皮脂まで落としてしまうというリスクがあります。

その点、**クレンジングミルクは、水分が多めで油分が少なめ。**これは、角質層の水分と油分のバランスを整える、理想的な配合バランスです。濃いメイクを落とすのはあまり得意ではありませんが、**肌の水分を保持するために必要な油分まで洗い流してしまう心配がありません。**

肌が乾燥してしまうのは、水分だけでなく、油分も不足しているから。

もし、洗顔後に肌がつっぱるとしたら、洗浄力が強すぎる洗顔料によって、肌に必要な皮脂まで洗い流している可能性大です。

表皮を覆っている皮脂膜も、細胞間脂質のセラミドも流出してしまうので、水分を保持することができず、洗顔直後から角質層の水分が蒸発しはじめ、肌がつっぱってしまいます。

クレンジングミルクなら、洗浄しながら、同時に肌の水分と油分のバランスを整えることができます。

クレンジングミルクを使った「超洗顔」で、肌のうるおいやツヤを取り戻していきましょう。

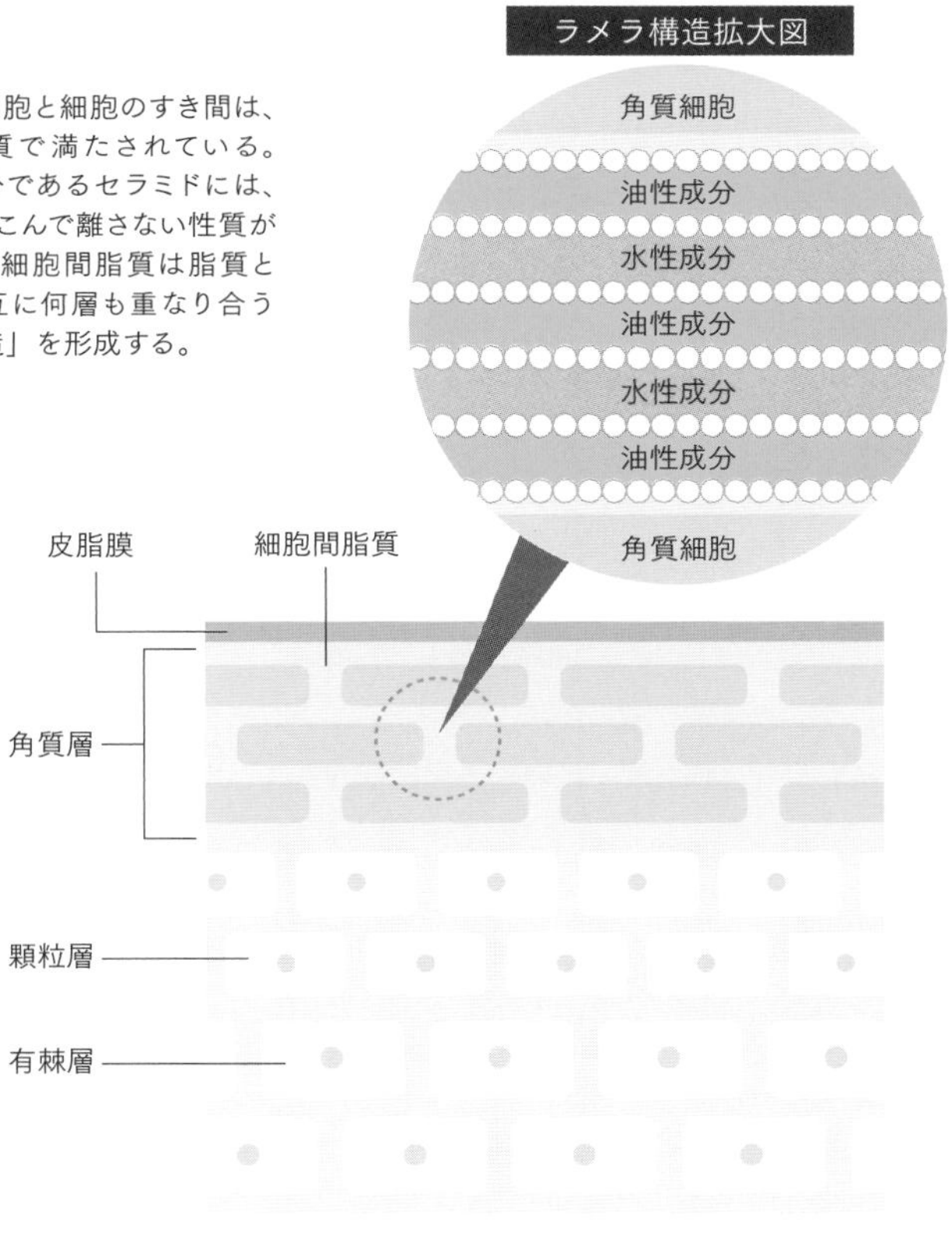

角質層の細胞と細胞のすき間は、細胞間脂質で満たされている。その主成分であるセラミドには、水をはさみこんで離さない性質があるため、細胞間脂質は脂質と水分が交互に何層も重なり合う「ラメラ構造」を形成する。

［ 細胞間脂質とラメラ構造 ］

毛穴問題も「超洗顔」ですっきり解決

鼻の頭や小鼻、頬の毛穴、気になりますよね。

「毛穴がパックリ開いている」「毛穴が広がって大きくなってきた」と思っている人も多いのではないでしょうか？

でも、毛穴そのものが、パックリ開いたり、大きく広がったりすることは滅多にありません。

毛穴が大きく広がっているように見えるのは、たいてい、**毛穴のまわりの角質層が「すり鉢状」に凹んでしまうのが原因**です。そのせいで凹みの中に暗い影ができ、毛穴が大きく開いているように見えるのです。

では、なぜ毛穴のまわりが凹んでしまうのでしょう？

その主な原因こそ、ダメ洗顔です。

通常、私たちの肌の奥では、毎日新しい細胞が生まれています。そしてそれは、次々と生まれる細胞に押し上げられて角質層へと上がっていき、最後は垢となってはがれ落ちていきます。これが、ターンオーバー＝新陳代謝のしくみです。ターンオーバーが正常に行われ、表皮が常に新しく生まれ変わっていれば、肌のキメが整います。そういう肌は、表面の「皮溝」と呼ばれる溝に囲まれてできた部分「皮丘」がふっくら盛り上がっているので、毛穴も目立ちません。

ところが、**洗浄力の強い洗顔料で顔をゴシゴシ洗うと、ふっくらした「皮丘」がうるおいを失ってしぼんでしまい、毛穴が出現**します。

さらに、水分がどんどん蒸発して乾燥してしまうので、うるおいを補おうと、皮脂が過剰に分泌されるようになり、とくに、皮脂中の不飽和脂肪酸が増えてしまいます。

実は、**不飽和脂肪酸が肌に残っていると、「角化異常」といって不良品の細胞ができてしまいます**。すると肌がデコボコになったり、硬くなったりして、正常なターンオーバーが行われなくなり、細胞がはがれ落ちずにそのまま残ってしまうことに。これが、毛穴のまわりの角質をすり鉢状に凹ませ、毛穴を目立たせてしまう要因です。

正常な角質

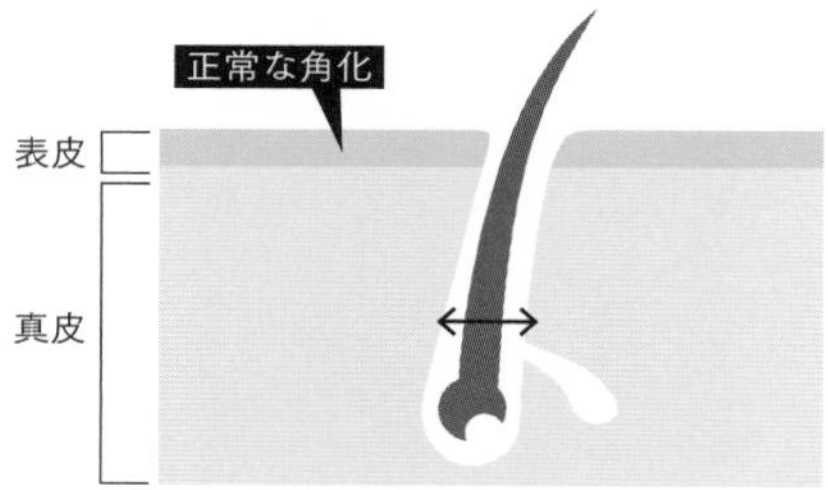

開いて目立つ毛穴

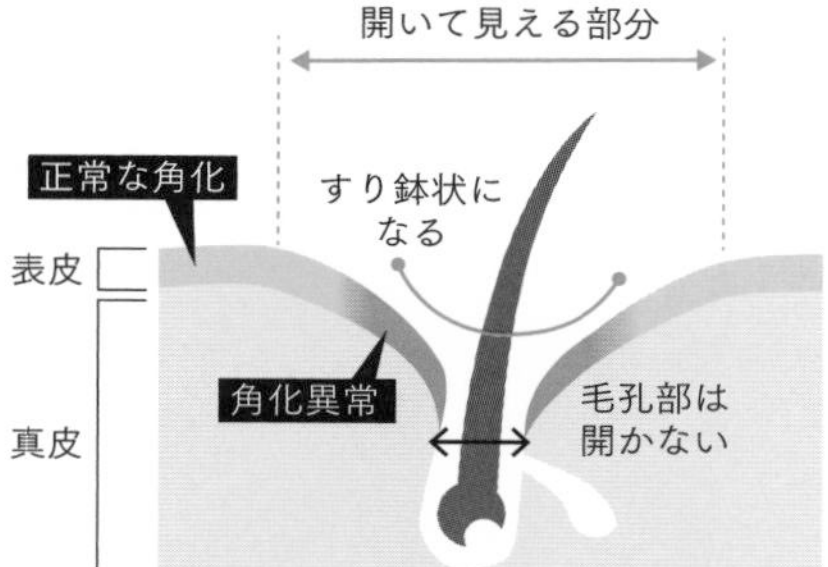

［ 毛穴ができる本当の理由 ］

皮脂の過剰分泌は、肌を傷つけて乾燥させるダメ洗顔のほか、ホルモンバランスの乱れやストレス、紫外線などでも起こりますが、その場合でも、毎日の洗顔で毛穴に詰まった皮脂や汚れをしっかり落とすことが大切です。

肌にダメージを与えず、水分と皮脂のバランスを整えながら毛穴の中までしっかり洗顔するには、やっぱりクレンジングミルクによる「超洗顔」！

約5分間、クルクルやさしくマッサージすれば、毛穴に詰まった黒ポツや角栓もしっかり落とせます。

毛穴が気になるからといって、強すぎる洗顔料を使ったり、粘着力の強い毛穴パックで無理やり角栓を取ろうとするのは、くれぐれもやめましょう！

たるみとたるみ毛穴も、ダメ洗顔がつくる!?

顔のたるみは、肌のハリを支えるコラーゲンやエラスチンなどの減少による「肌弾力の低下」や、「表情筋の衰え」が主な原因だといわれていますよね。

でも、こうした加齢による老化現象のほかにも、たるみの原因は日常生活のあちこちに潜んでいます。

たとえば、**デスクワークで下ばかり見ている生活や、慢性的な肩や首のこりによる血流の悪化も、顔をむくませ、たるませていく原因のひとつ。**

また、顔と頭は1枚の皮膚でつながっているため、シャンプーやヘアダイのしすぎで頭皮を傷めてしまうと、顔の皮膚を引っ張り上げることができなくなり、顔のたるみの原因になっていきます。

そしてもうひとつ。ダメな洗顔も、顔をたるませる大きな要因のひとつです。

美容学校やパーソナルレッスンなどで洗顔指導をするたびに実感するのですが、老若男女にかかわらず、**ほとんどの人は肌が耐えうるレベルをはるかに超え**

る強い力で顔を洗っています。

顔の皮膚は、貝柱のような細い繊維でできた「靭帯」という組織によって、要所要所が顔の骨とくっついています。そして、この靭帯が加齢や摩擦などで硬くなると、伸びきったゴムのようになってしまい、上から下へとなだれのように皮膚や皮下組織が垂れ下がっていきます。

ですから、強い力で顔をマッサージしたり、洗顔のとき強い力でゴシゴシ洗うことは厳禁です。

また、細胞間脂質の保湿成分のひとつ、セラミドの話を覚えていますか?

セラミドは水をガッチリはさんで離さないという優れた能力を持っていて、摩擦や紫外線などの外界の刺激から肌を守る細胞間脂質のバリア機能をサポートしています。セラミドがいったん抱え込んだ水分は、「結合水」「不凍水」と呼ばれ、どんなに過酷な環境でも蒸発や凍結はしません。ところが、洗浄成分や摩擦には非常に弱く、**枕に顔をこすりつけるだけでも、流出して失われてしまいます。**

セラミドを失うと、バリア機能や保湿力は一気に低下します。すると、紫外線に弱くなり、コラーゲンやエラスチンといった肌のハリを支える成分もダメージ

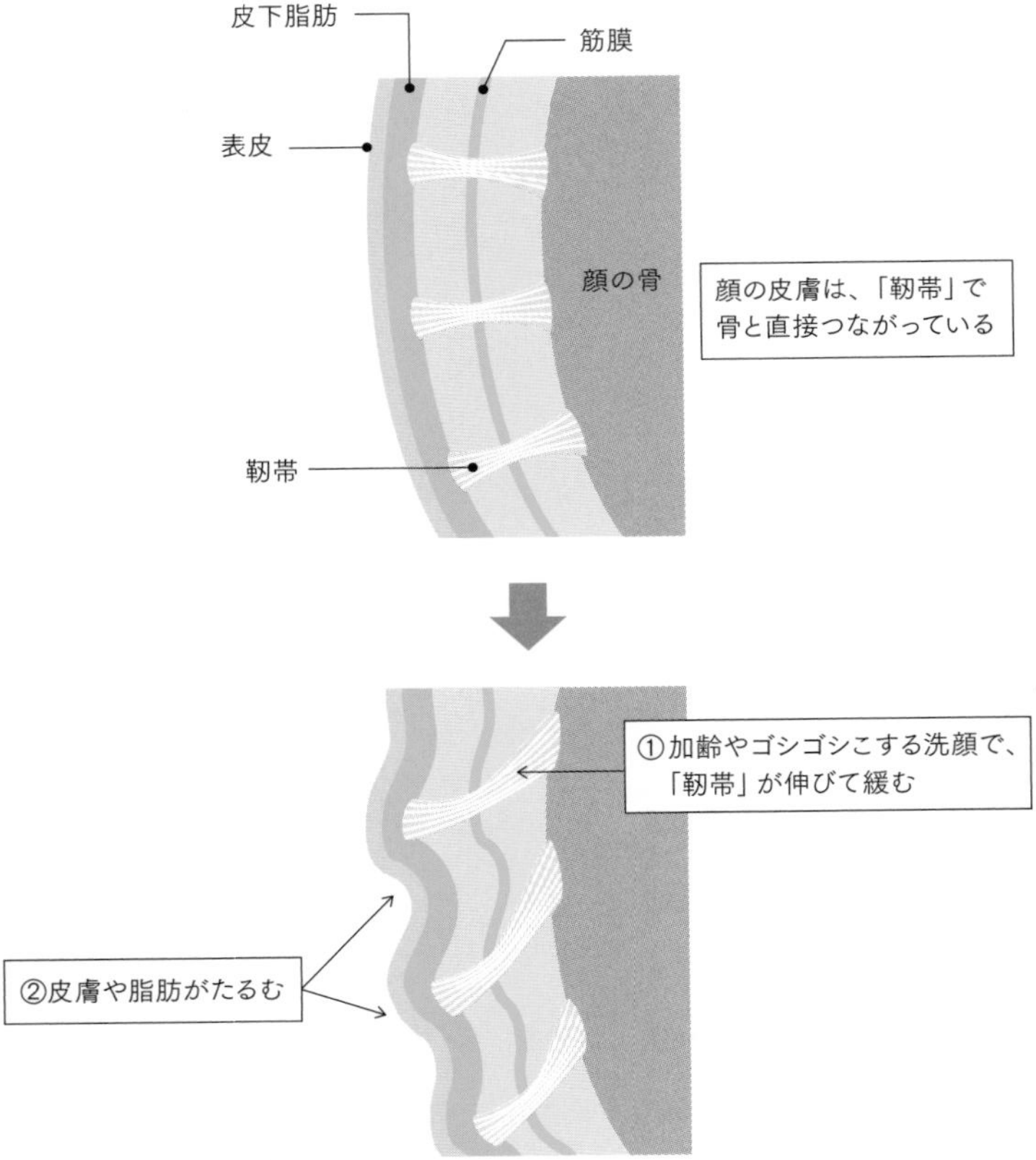
皮下脂肪
筋膜
表皮
顔の骨
顔の皮膚は、「靭帯」で
骨と直接つながっている
靭帯
①加齢やゴシゴシこする洗顔で、
「靭帯」が伸びて緩む
②皮膚や脂肪がたるむ

[顔のたるみが起こるしくみ]

を受けやすくなります。

このように、強い力でゴシゴシ洗顔すると、靭帯とハリ成分が同時に傷ついてしまいます。洗顔による摩擦の刺激は、1日2回、1年365日、毎日繰り返されてじわじわたまっていく負債のようなものですから、ぜひ、今日からでも洗い方を見直してください。

私がよく言うのは、**「今までの強さの10分の1の力で洗ってください」**ということ。そのためには、できるだけ指すべりのよいクレンジング洗顔料を使うことも大切です。

とくに目の下は皮膚も皮下組織も非常に薄く、ちょっとした摩擦でもダメージを受けやすい場所です。たるみは目のまわりからはじまり、なだれのように皮膚や皮下組織が次々と垂れ下がっていきますから、とくに注意してやさしく洗い上げるようにしましょう。

ストレスジワ、老化ジワも洗顔で予防・改善できる！

シワには、表皮の角質層が乾燥してできる「乾燥ジワ」と、加齢で刻まれていく「老化ジワ」の2つのほかにもさまざまなタイプがあります。

それぞれ主な原因は異なるのですが、どんなシワも、最初は表皮にある細かい溝「皮溝」からはじまります。

まず最初にできるのは「乾燥ジワ」です。

健康的な肌には皮溝で囲まれた小高い丘のような「皮丘」がくっきりと均等に並んでいて、美しい「キメ」がつくられています。そういう肌は、表情を動かして「皮溝」が深くなったり「皮丘」のカタチが変わっても、すぐまた元に戻ります。

ところが、**ダメ洗顔などで肌が乾燥して「皮丘」がしぼむと、表情を動かすたびに「皮溝」が深くなり、すぐ近くにある皮溝と合体して、より深い太いシワができていきます。**こうしてできるのが、「乾燥ジワ」です。

加齢によってコラーゲンやエラスチンが減少しはじめると、この「乾燥ジワ」の細かい溝のまわりが地盤沈下を起こして陥没し、さらにシワが太く深くなって、だんだん元に戻らなくなります。これが、いわゆる**「老化ジワ」**です。

「超洗顔」で水分と油分を整えながら洗えば、肌がしっとりうるおうので、「乾燥ジワ」はどんどん目立たなくなっていき、「老化ジワ」もできにくくなっていきます。

できてしまった「老化ジワ」も、肌がふっくらうるおいを取り戻すことで目立たなくすることができます。肌を乾燥させるようなダメ洗顔は、できるだけ早くやめましょう。

最近は、睡眠不足や不摂生な生活、精神的ストレスなどによって自分でも気付かないうちに額や目のまわりの筋肉が緊張してしまい、眉間や目元にシワができる人が増えています。これが、いわゆる**「ストレスジワ」**です。

このように、現代ではシワも多様化し、乾燥や加齢だけが原因ではなくなってきました。でもご安心を。こうした「ストレスジワ」にも、「超洗顔」は効果を発揮します。

「皮脳同根」という言葉をご存じですか？

顔の皮膚と脳の神経は顔面神経を通してつながっているため、ただやさしくなでるだけで、ストレスや疲れで緊張していた血管や筋肉がゆるみ、自律神経やホルモンのバランスを整えることができます。

でも、ふだんの生活の中で、自分自身の肌をやさしくなでる機会はなかなかないですよね。

肌をやさしくなでるようにクルクルとマッサージする「超洗顔」の5分間は、**ストレスや疲れで緊張した筋肉をゆるませ、交感神経から副交感神経に切り換えて、心身をリラックスさせる**効果があります。

そのため、とくに夜寝る前に「超洗顔」をすると、寝つきがよくなったり、睡眠の質が高まったりして、朝までぐっすり眠ることができます。どうぞ、「超洗顔」を毎日のリラクゼーションタイムとして楽しんでください。

できてしまったシミも、「超洗顔」なら薄くできる！

肌が紫外線を浴びると、表皮の一番奥にあるメラニン生産工場、メラノサイトが活性化し、メラニンを過剰に生成させ、肌を黒くします。これが「日焼け」のメカニズムです。

シミができるメカニズムも基本的には同じです。日焼けと違うのは、長年にわたって蓄積され続けてきた紫外線のストレスで、**メラニンが過剰につくり続けられる**ようになること。その結果ターンオーバーがうまくいかなくなり、メラニンが排出されずにどんどんたまってシミが濃くなっていくわけです。

最近は、メラノサイトやメラニンに直接働きかけ、シミができるのを防いだり、できてしまったシミを薄くする医薬品や美容液もあり、レーザーなどの外科的治療に頼らなくても、セルフケアでかなり効果的なシミ対策ができるようになってきました。そもそも、外科的治療では、ターンオーバーの周期まで改善することはできません。

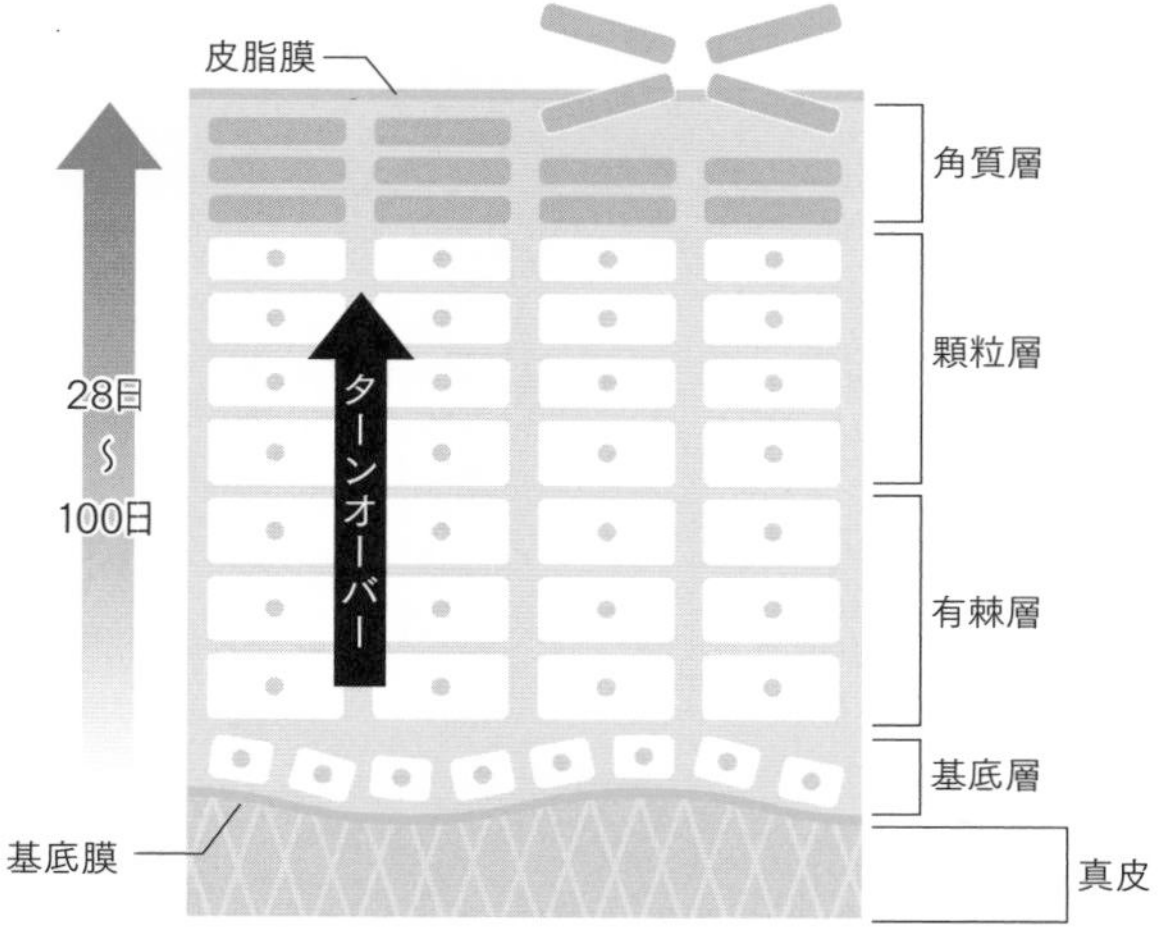

若く健康な肌が生まれ変わる周期は、約28日。
でも、加齢とともに周期が長くなり、60代では
100日に!?

［ 肌の生まれ変わりサイクル ］

ターンオーバーの周期には個人差がありますが、20代では約28日、40代では約55日、60代では約100日と、加齢とともに長くなっていくといわれています。そして、ターンオーバーが長くなってしまうと、**どんなに優れた美容成分を使っても、効果を得るのにかなり時間がかかってしまいます。**

ターンオーバーの周期は、一朝一夕には短縮できません。「超洗顔」を毎日続けることで、少しずつ、ターンオーバーを整えていきましょう。

「マッサージの刺激で、メラノサイトをよけいに活性化してしまわないか？」という質問をよく受けるのですが、あくまでもやさしく、指先にほとんど力を入れずにクルクルとマッサージするので、大丈夫。実際、「超洗顔」でシミが濃くなったケースは今までひとつもありません。

とくに、カバー力の高いファンデーションやコンシーラーでシミを隠している人は、その部分のメイク汚れをしっかり落とし切ってしまわないと、新たなシミの火種になってしまいます。

ニキビは「コメド」のうちに「超洗顔」で消そう！

ニキビの初期症状でできる「コメド」をご存じですか？

ニキビには黄ニキビ、赤ニキビなどさまざまなタイプがあります。コメドは、別名「白ニキビ」。毛穴の出口がふさがって中に皮脂がたまった状態で、「面ぽう」とも呼ばれます。

鏡と指で肌をチェックしてみてください。コメドには、「微小面ぽう」と呼ばれる、よーく見ないと見逃してしまいそうな小さなものもあります。

一見、ニキビがまったくないように見えても、ニキビができやすい場所には**小さなコメドができている可能性が高く、その数が多いほど重症化しやすい**といわれています。

ニキビの原因菌といわれるアクネ菌は、酸素があるところでもないところでも生きていける菌で、酸素のあるところでは肌を弱酸性に保つ働きをしているのですが、コメドのような毛穴が閉じて無酸素状態になっている場所では性格が一

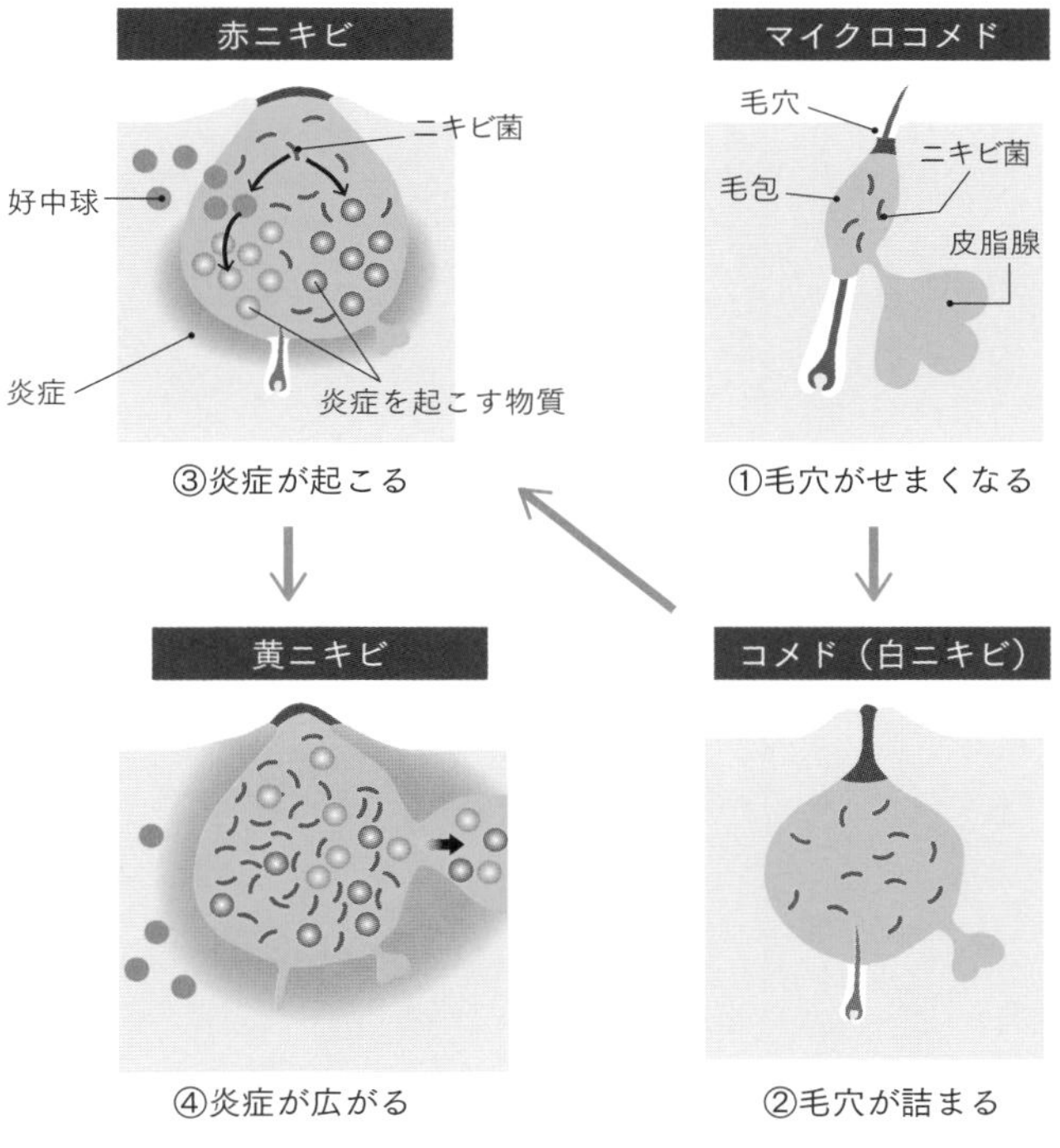

[ニキビが悪化するプロセス]

変。炎症物質をバンバン出して赤ニキビをつくりはじめます。さらに悪化すると、化膿して黄ニキビになり、ニキビ痕になってしまうこともありますので、目立たないからといって放置しないことが大切です。

毎日の洗顔で汚れを落とし切れていないと、白ニキビは年齢を問わず大人にもできます。ストレスや睡眠不足、ターンオーバーの乱れなど原因はさまざまですが、水分不足で乾燥した肌がうるおいを補おうとして皮脂が過剰に分泌されるケースも少なくありません。

ニキビ・大人ニキビができやすい人は、洗浄力や殺菌力の強い洗顔料を選んでしまいがちですが、その結果、肌に必要な水分や油分まで落としてしまうと、かえってコメドを増やしてしまいかねません。

コメドを発見したら、「超洗顔」で水分と油分のバランスを整え、過剰な皮脂を抑えていきましょう。

第2章

「超洗顔」の基本

「超洗顔」とは……
～スキンケアとメイクを大幅に時短する、5分間～

「5分は長すぎる！」最初はそう思うかもしれません。でも、「超洗顔」は、

◆忙しい毎日を送っている方
◆スキンケアやメイクにかかるお金をミニマムにしたい方
◆肌トラブルに悩まされている方

にこそおすすめの洗顔法です。

実際、「超洗顔」を実行している女性のほとんどが共通しておっしゃるのは、

「基礎化粧品に時間やお金がかからなくなった」「肌トラブルが減って、ベースメイクに時間がかからなくなった」ということ。

毎日続けていくことで、**「ファンデーションはほとんど使わなくなった」「ポイントメイクだけでいいので、ラク！」**という方も少なくありません。

もちろん、私自身がスッピンやノーファンデーションをおすすめしたことは一度もありません。でも、とてもうれしそうに、そして誇らしげにそう報告してく

ださるのを聞くたびに、現代の女性たちは、複雑なケアやメイクに時間とお金を費やし、心を消耗しているのかもしれないな、と思わずにいられません。

そんな女性たちを、ストレスから解放してあげたい！というのも、本書で「超洗顔」をご紹介したいと思った動機のひとつです。

「超洗顔」の5分間は、その日、そのときのあなたの肌をベストコンディションに高めます。

クレンジングミルクをつけて指先でクルクルするだけですから、ベッドやソファに寝っ転がりながらでもできます。どうぞリラックスして、指先でクルクルとマッサージする時間を楽しんでください。

肌へのストレスはほとんどありませんから、敏感な肌の方、今現在肌荒れやニキビなどのトラブルを抱えている方にもおすすめです。

また、加齢にともなう肌の変化が気になる方、肌のエイジングを防ぎたい方も、どうぞお試しください。すでにできてしまったくすみやたるみ、シミやシワ、ニキビ跡なども、超洗顔ならコントロール可能です。

「超洗顔」でできること

- 肌をいたわりながら清潔にする
- 肌の水分と油分のバランスを整える
- 新陳代謝を活発にし、ターンオーバーを整える
- 今と未来の肌トラブルを解決する
- 心・肌・体をリラックスさせる

「超洗顔」で目指す美肌・グレートスキンとは？

う……うるおいがある
な……なめらかである
は……ハリがある
だ……弾力がある
け……血色がよい
つ……ツヤがある

＋

トラブルを起こしにくい肌

「超洗顔」5つのルール

「超洗顔」の基本的なルールは、次の5つです。

簡単なものばかりですが、ひとつひとつが、肌をいたわり、健康な美肌をつくるために欠かせない大切なルールです。

しっかり覚えて理想的な肌を手に入れましょう。

1 クレンジングミルクをとにかくたっぷり使う
2 指の腹を使って細かくクルクル洗う
3 10分の1の力で洗う
4 5分かけて洗う
5 最適温度で洗い流す

1 クレンジングミルクをとにかくたっぷり使う

基本はクレンジングミルクです（38ページ参照）。

マッサージによる摩擦で肌にストレスをかけないよう、惜しまず、ケチらず、とにかく量をたっぷり使いましょう。

製品にもよりますが、**プッシュ式ボトルなら5プッシュが目安**です。

もしも途中で指すべりが悪くなってきたら、**1プッシュずつ追加**しましょう。

5分以内に指すべりが悪くなってしまうのは、肌が乾燥していて、クレンジングミルクの水分を吸収してしまうからです。

最初のうちは、ほとんどの人が途中で指すべりが悪くなります。乾燥がひどい場合は1〜2分、「私はドライスキンではない」と思っている人でも、2〜3分で指すべりが悪くなってしまうこともあります。

でも、ご安心を。**肌がうるおいで満たされ、水分と油分のバランスが整っていくと、だんだん追加する量が減っていきます。**「もったいない」と思わず、どんどん追加していきましょう。

追加量は、肌の乾燥度のバロメーターでもあります。毎日「超洗顔」を続けて「5プッシュだけで、5分間クルクルできる肌」を目指しましょう。

2 指の腹を使って細かくクルクル洗う

小鼻のワキ、こめかみのキワ、ほうれい線の溝、鼻の下や唇の下の凹みなど、顔には凹みや溝がいっぱいあります。そして、その凹みや溝こそ、メイクの油やホコリ、皮脂などの汚れがたまりやすい部分です。

「洗い残し」をつくらないようにするため、**1〜4本の指の腹だけを使って細かくクルクルクルマッサージ**しましょう。

3 10分の1の力で洗う

肌にクレンジング洗顔料をたっぷりのせたら、指先に力を入れず、あくまでもやさしくクルクルとマッサージしましょう。

「今までの洗顔の、10分の1くらいの強さ」が目安です。

指を肌にのせたら、そのまますべらせるだけで十分。それ以上の強さでマッサージすると、角質層にダメージを与えてしまいますので、十分注意しましょう。

4 5分かけて洗う

72～73ページを参考に、**少なくとも5分間はクルクルとマッサージ**しましょう。

小鼻のワキ、頬、口のまわり、あご、額、目のまわりなどを細かくクルクルマッサージしていると、5分くらいはあっという間にたってしまいます。

リビングでテレビを観ながら、あるいはベッドに寝そべりながらでもかまいません（74～75ページ）。楽な姿勢でリラックスして行いましょう。

5 最適温度で洗い流す

洗い流すときは、ぬるま湯を使用しましょう。

冷たい水を使うと肌がキュッと締まってしまい、毛穴の中や皮溝の溝に詰まった汚れを落とし切ることができません。逆に、熱めのお湯だと毛穴は開きますが、肌に必要な水分や油分まで流出してしまい、肌が乾燥したり、毛穴が開きっぱなしの状態になってしまいます。

適温は「人肌」が目安です。34〜36℃くらいの、**「ほんのり温かくて気持ちいい」と感じる程度のぬるま湯**を両手にたっぷりすくい、ぬるま湯をパシャパシャと顔にやさしく当てるようなつもりで、こすらずやさしく洗い流しましょう。

清潔なタオルをそっと押し当てるようにして水分を吸い取れば洗顔完了。タオルで顔をこするのは、厳禁です。

「超洗顔」は入浴前に！

「超洗顔」は、入浴中や入浴後ではなく、**入浴前に行う**のが理想です。入浴中や入浴後の肌は、お風呂の蒸気でしっとりうるおい、やわらかくなっているので、本当の肌コンディションを知ることができません。

1日中さまざまなストレスにさらされた肌は、少なからずダメージを受けています。「超洗顔」をしながら指でしっかりと肌の状態を確かめ、その上で、そのときの肌コンディションに合ったスキンケアをすることが大切です。

またお風呂では、シャンプーやコンディショナーができるだけ顔につかないように気をつけます。クレンジングミルクでバランスを整えた肌が台無しになってしまいます。

そして、**お風呂から上がるときは、もう一度軽くクレンジングミルクでクルクル**。最後、洗い流すときにシャワーをかけるのは厳禁。刺激の強いシャワーは顔に当てず、手にためたぬるま湯で洗い流します。

「超洗顔」クレンジング法

メイクした日も、メイクしていない日も、
朝でも夜でも基本は同じ洗い方。
一連の流れを覚えてしまいましょう！

1
クレンジング塗布

手のひらにクレンジング剤をたっぷり（大さじ1~2程度）出し、あご、頬、額、鼻の上にのせる。

2
クレンジング伸ばし

両手で額中央から外に向かって塗り広げ、こめかみを通り頬になじませながら、鼻に向かって伸ばし、口まわりを通ってあごまですべらせる。

3 頬をクルクル

①両手の指であごから耳の下（耳下腺）に向かってくるくる指をすべらせる。
②口角から耳の手前までも同様に。
③小鼻からこめかみまでも同様に。

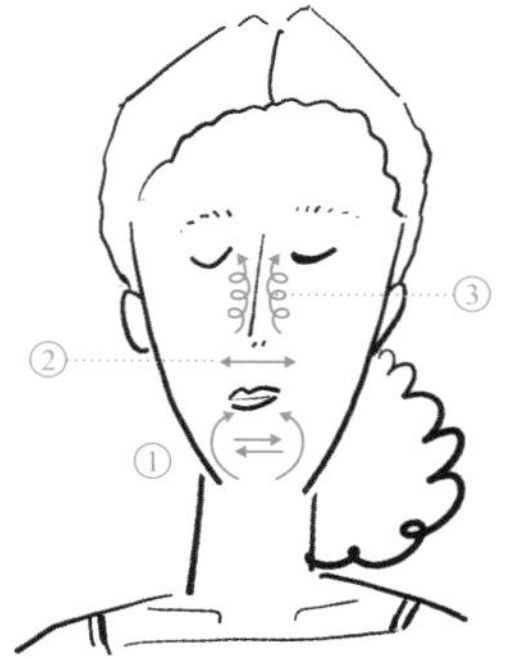

4 あご、鼻をクルクル

①両手指4本を左右交互に下から上へクルクルすべらせてあごを念入りに洗う。下唇の下は左右に指をすべらせる。
②鼻の下は中指を左右にすべらせる。
③中指で小鼻のまわり、鼻筋をクルクルすべらせる。

5 額、目の周りをクルクル

①額は生え際、真ん中、眉上の3ラインにわけて、中央から外側に向かってクルクル指をすべらせる。
②最後、目のまわりは外回りに大きく円を描くように指をすべらせる。

6 洗い流す

ぬるま湯で洗い流す。小鼻やシワの部分は指をすべらせるようにして汚れを落とす。タオルを押し当て（こすらない）水分を取る。

自分のスタイルで5分間を楽しむ

「超洗顔」の5分間は、心・肌・体のリラックスタイムでもあります。
「皮脳同根」という言葉があるように、顔の皮膚と脳の神経は顔面神経によってつながっています。ただやさしくなでるだけで、ストレスや疲れで高まっている交感神経が抑えられて副交感神経優位の状態になり、血管や筋肉がゆるみ、自律神経やホルモンのバランスを整えることができます。

何かと時間のない朝は、ついパパッと洗顔をすませてしまいそうになりますが、**起き抜けの肌は、睡眠中に分泌された皮脂汚れで想像以上に脂っこくなっています。**ちゃんと朝洗顔することでメイクのノリもよくなり、ごきげんな1日をスタートさせることができます。

また、夜の「超洗顔」は、1日の疲れや緊張をときほぐしてくれます。肩や首のこりに悩まされている人は、シワになりやすい首筋もふくめてじっくりとマッサージし、全身をリラックスさせましょう。

[洗顔はリラックスタイム]

その日、そのときの自分に合ったクレンジング洗顔料を選ぶ

クレンジングミルクは、**乾燥肌・脂性肌・混合肌を問わず、どんな肌質にもオールマイティに使えます。**

ただし、皮脂分泌が過剰になっているときは、油分が少なめのジェルタイプにする、乾燥がひどいときは油分が多めのクリームタイプやバームタイプにするなど、肌コンディションに合わせて使い分けることも大切です。

また、油分の多いファンデーションやウォータープルーフのアイシャドーなどは、クレンジングミルクだけでは落とし切れません。**濃いメイクをしたときは、バームタイプやオイルタイプ**を使いましょう。

目のまわりの皮膚は薄くてデリケートなので、**アイメイクは、ポイントメイク専用のリムーバー**を使うようにしましょう。

自分の肌コンディションやメイクのスタイルに合わせて、クレンジングミルクのほかにも、1～2種類のクレンジング洗顔料を常備しておくとよいでしょう。

適してる肌質	クレンジング洗顔料	特徴	適してるメイクの濃さ
皮脂が多い肌	ジェルタイプ	油分を多く配合した乳化タイプ。 液状タイプは洗浄力が高くさっぱりとした使用感。 水溶性高分子ゲルタイプはしっとりとした使用感。	薄い
すべての肌タイプOK	ミルクタイプ	親水性乳化タイプの乳液タイプ。 さっぱりとした使用感で幅広い肌質におすすめ。	↓
ドライに傾いている肌	クリームタイプ	乳化タイプのものは親水性が主流（油分をゲル化したものもある）。 洗浄力が高いため、濃いメイクに最適。	↓
	バームタイプ	ミツロウやワセリンなどの油脂性の高い成分を半固形状にしたもの。 肌にのせると体温で溶けてオイル状になる。濃いメイクを落とすときや、毛穴の開きが気になるときにおすすめ。	↓
健康な肌	オイルタイプ	油性成分に界面活性剤などを配合したものが一般的。 洗い流すときに乳化させる。	濃い

［ クレンジング洗顔料・タイプ別特徴 ］

季節によってもクレンジング洗顔料を変える

季節の変わり目などに肌トラブルが起こりやすいのは、体や肌が日射しや気温、湿度の変化についていけなくなるため。

全シーズンとも基本的には、クレンジングミルクでOKですが、季節に合わせてクレンジング洗顔料を変え、肌ストレスを軽減してあげることも大切です。

春

三寒四温と呼ばれるように気温の差が激しくなる季節です。また、花粉などの影響により、肌が敏感な状態に傾きやすくなり、今まで問題なく使用していたクレンジングミルクが合わなくなる場合もあります。春は、**できるだけ低刺激なクレンジングミルク**を選びましょう。

梅雨・夏

強い紫外線の影響と高い気温によって、肌のバリア機能が低下し、敏感になりがちです。また、皮脂分泌も過剰になります。そんなときは**肌がサッパリするジェルタイプ**にするなどして対応しましょう。

秋

温暖化の影響により、ある日突然、急に気温が下がってしまうと、夏のホテリや赤みによる炎症をそのまま残して、肌が冬支度に入ってしまい、肌トラブルを起こしやすくなります。**夏よりたっぷりとクレンジングミルクを使って**肌をいたわり、水分や油分のバランスを微調整していきましょう。

冬

気温の低下や空気の乾燥はもちろん、暖房も肌トラブルを起こす原因となります。表面はギトギトするのに肌内部が乾燥している「混合肌」になりやすいのも、実は冬です。水分・油分の両方が不足しやすいので、**クリームタイプのクレンジング洗顔料**を備えておくとよいでしょう。

目と指で肌のコンディションを確認する

鏡でスッピンの肌をじっくり見るのは、入浴後や洗顔後、化粧水や乳液などを塗った後が多いのではないでしょうか？

そういうときは、肌が湿っているので、うるおっているような錯覚にとらわれやすいものです。

そこで、超洗顔の後、**化粧水や乳液をつける前に、肌のコンディションをチェック**する習慣を身につけましょう。

鏡でよく見るだけでなく、指でもさわってみましょう。

肌のキメは整っていますか？　鼻などTゾーンの毛穴が目立っていませんか？　指ざわりは、しっとりなめらかですか？

こうして、毎日肌のコンディションを確認していると、「疲れた日はこの部分が乾燥しやすい」といった、肌の微妙な変化を予測できるようになります。早めの対処でトラブルを未然に防ぎ、より美しい肌をつくり上げていきましょう。

第3章

お悩み別スキンケア

悩みを解決する、クレンジング洗顔料&基礎化粧品

「超洗顔」の基本はあくまでもクレンジングミルクです。ただし、クレンジングミルクなら、どれでもよいというわけではありません。中には洗浄力が強すぎるもの、指すべりが悪いもの、皮脂となじみにくいものもあり、5分間クルクルマッサージするには不向きなものもあります。

また、洗浄力は高いものの肌に負担があるオイルタイプのクレンジングは、濃いメイクを落とすとき以外は、極力使わないようおすすめしています。

そして、**同じタイプのクレンジング洗顔料でも、クオリティはさまざま**です。「ミルクタイプだから安心」「オイルタイプは洗浄力が強すぎる」とは一概に言えませんし、「高価なものほど高品質」、「オーガニック系なら安心」というわけでもありません。

そこで、ここでは**私が実際に使ってみて太鼓判を押す、おすすめのクレンジング洗顔料やスキンケアコスメ**をご紹介します。

クレンジング洗顔料

◆クレンジングミルク ── すべての肌タイプにおすすめ!

ローズクレンジングミルク／
シアーナクレンジングミルク(マルティナ)
150ml／ローズ¥4,400(税込)／シアーナ¥4,180(税込)

(ローズ)まずおすすめしたい私のイチ押し。柔らかく伸びのよいテクスチャーで、肌に負担をかけずに水分油分のバランスを整えてくれる。ローズの香りもリッチな気分に。(シアーナ)アルコールフリー処方。敏感な肌、日焼け後の肌にはこちらを。

ミノン アミノモイスト モイストミルキィ クレンジング
(第一三共ヘルスケア)
100g／¥1,650(税込※編集部調べ)

しっかりメイクも落とせるミルクタイプのクレンジング。肌に負担なく使え、クオリティが高く、コスパがよくておすすめ。

マイルドミルククレンジング
(無印良品)
200ml／¥990(税込)

肌に負担が少ない乳液タイプのクレンジング。入手しやすさやリーズナブルさが魅力で、学生さんや若い方におすすめ。

Dr.ハウシュカ クレンジングミルク(Dr.ハウシュカ)
145ml／¥4,620(税込)

ライトでやさしいテクスチャー。肌に必要な油分を奪わずにしっかり洗浄できる。使うごとにだんだんクセになる心地いい使用感。

◆クレンジングクリーム ……… ミルクに近い感覚で使えるものをセレクト

ベリージェントル
クレンジングクリーム
（トリロジー）
200ml／¥5,940（税込）

濃厚なテクスチャーで、洗顔後は肌がもっちり柔らかくなるのが特徴。消炎作用もあり、肌を鎮静しながらしっとり保湿してくれる。

AUSE クレンジング
クリーム
（ハリウッド）
140g／¥4,950（税込）

クリームとミルクの中間的なテクスチャーが心地いい新感覚のクレンジング。メイクもしっかり落としてくれる。

◆クレンジングジェル ……… 汗をかく季節、さっぱりしたいときに

マイルドジェルクレンジング
（無印良品）
120g／¥590（税込）

肌に素早くなじみ、すっきりとメイクを落とすジェル状のクレンジング。うるおい成分も配合された高コスパが嬉しい1本。

ブリリアント
クレンジングジェル（FEMMUE）
120g／¥4,620（税込）

やさしく洗うタイプのクレンジングジェル。メイクをしていない日や、肌が敏感に傾き刺激を与えてはいけないとき、日焼け後におすすめ。

ルネサンス
クレンジングジェル（OSKIA）
100ml／¥9,350（税込）

マッサージするうちにジェルがオイルになり、水で乳化させてさらにマッサージするとすっかり汚れが落ちるという魔法のような1本。

◆ クレンジングバーム ―― 乾燥が気になる時に

菊正宗 米と発酵
クレンジングバーム(菊正宗酒造)
93g／¥1,980(税込)

コスパのよいクレンジングバーム。乾燥しているときや、しっかりメイクの日に、マッサージしながら使うのがおすすめ。

ビューティ
クレンジングバーム(FEMMUE)
50g／¥5,280(税込)

温感効果のあるとろけるテクスチャーが使うたびにクセになる。肌のくすみやごわつきが気になるときにマッサージしながら使ってほしい1本。

クレンジングバーム
(Omorovicza)
50ml／¥12,100(税込)

ディープクレンジング機能も果たす機能性バームクレンジング。マッサージにも使えるほど肌コンディションが整う優れもの。

◆ クレンジングオイル ―― しっかりメイクのときに

マイルドオイル
クレンジング(無印良品)
200ml／¥750(税込)

しっかりメイクとポイントメイクを時短で落としたいときにおすすめ。洗い上がりがさっぱりしているのも◎。

クレンジング
オイル(トリロジー)
110ml／¥4,180(税込)

良質な植物オイルが処方されたアイメイクも落とせるクレンジング。オイルを乳化させて使うことで肌への負担が少ない。

化粧水

ローズフェイシャルローション／シアーナフェイシャルローション(マルティナ)
100ml／¥3,300(税込)

(ローズ)思わず深呼吸したくなるローズの香り。高い収れん性で肌のキメを整える。(シアーナ)アルコール、エッセンシャルオイル無配合。敏感な肌、日焼け後の肌に。

ジャパニーズハーバルスキンローション(BLUME edena)
100ml／¥4,290(税込)

水を一切使わず、ドクダミやヨモギなど草木のエキスが主体の化粧水。蒸留から製造までを一貫して行うことで実現される鮮度も魅力。ローションパックにもおすすめ。

ブルガリアンローズウォーター(アルテヤオーガニック)
100ml／¥1,980(税込)

100%天然成分、100%オーガニック。1本にブルガリアンローズ300輪分のローズ水を使用。毎日惜しみなく使用し、肌のキメを整えて。

乳液

ミノン アミノモイスト モイストチャージ ミルク(第一三共ヘルスケア)
100g／¥2,200(税込※編集部調べ)

濃厚なテクスチャーがスッと肌になじんでうるおしてくれる高コスパ乳液。ベタつかない使い心地も魅力。

ブライト サーキュレーター ミルク(ドゥーオーガニック)
100g／¥6,600(税込)

炭酸効果を活かしたホイップ状の乳液。泡パックとしても使え、1本で二役をこなす機能性保湿アイテム。

ローズ エマルジョン(ジュリーク)
50ml／¥5,280(税込)

上質な植物オイル配合で、華やかなローズの香りに包まれながら、肌にツヤとうるおいを与えてくれる1本。

ローズモイスチャーミルク／シアーナモイスチャーミルク(マルティナ)
100ml／ローズ¥4,950(税込)／シアーナ¥4,400(税込)

(ローズ)柔らかいテクスチャーと肌なじみの良さが魅力。(シアーナ)アルコールフリー。肌が過敏な人に。

クリーム

アイケアクリーム
(マルティナ)
15ml／¥3,300(税込)

一度使ったら手放せなくなる唯一無二の目元専用クリーム。充実した成分配合で、繊細な目のまわりにうるおいとハリを与えてくれる。

ハイドラリフトクリーム(Omorovicza)
50ml／¥27,500(税込)

40代以降の方におすすめしたいエイジングクリーム。肌にスッと入るテクスチャーが気持ちよくハリと弾力を実感できる。

ローズクリーム／シアーナクリーム
(マルティナ)
50ml／ローズ¥4,950／シアーナ¥4,400(税込)

(ローズ)コクがある濃厚なテクスチャー。乾燥した肌にはこのくらいの保湿機能がベスト。(シアーナ)アルコール、香料フリー。デリケートな肌や、季節の変わり目に。

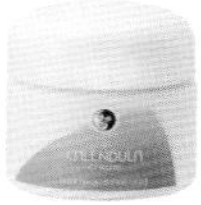

カレンドラベビークリーム フェイス・ボディ用(マルティナ)
50ml／¥3,300(税込)

超がつく敏感な肌、赤みのある肌にも使え、消炎成分がやさしく落ち着かせてくれる。ベビーに限らず大人にもおすすめ。

保湿バーム

保湿バーム(無印良品)
60g／¥950(税込)

うるおい成分として植物オイルやシア脂を配合。コスパ抜群で、顔はもちろん、全身にもたっぷり惜しみなく使えるのが嬉しい。

マロービューティバーム
(ハーブファーマシー)
30ml／¥5,280(税込)

肌にスッとなじみながら肌荒れを防いでくれる保護機能の高さが魅力。特に乾燥肌におすすめ。

サーキュレイトプレシャスバーム(MOON PEACH)
33ml／¥7,480(税込)

柔らかさと肌なじみのよさが実現したクリームのようになめらかなバーム。月桃がマイルドに香り、保湿力抜群なのにベタつかない優秀アイテム。

スペシャルケア

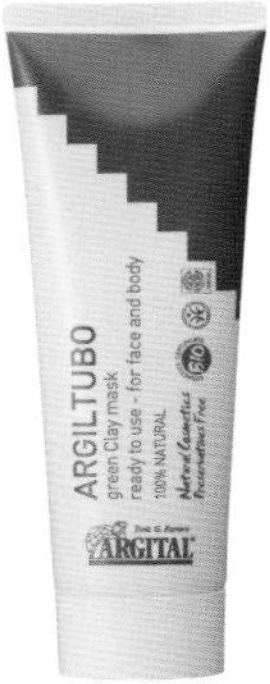

グリーンクレイペースト
(アルジタル)
250ml／¥3,960(税込)

ミネラル豊富なクレイとハーブをブレンドした使いやすいペーストタイプ。小鼻などの気になる部分も手軽にディープクレンジングできる。

ベルアージュ
クレイマスク ∞(ハリウッド)
135g／¥13,200(税込)

クレイの強力な吸着力が毛穴の汚れ、余分な皮脂を取ってくれる即効性の高いパック。1度で効果があるため頻度を空けて使用を。

モイスチャーエッセンス
(ヴェリマ)
30ml／¥12,540

肌をみずみずしくうるおしてくれるジェル美容液。肌への浸透力が高く、1本常備しておくと安心。乾燥した肌の集中ケアに。

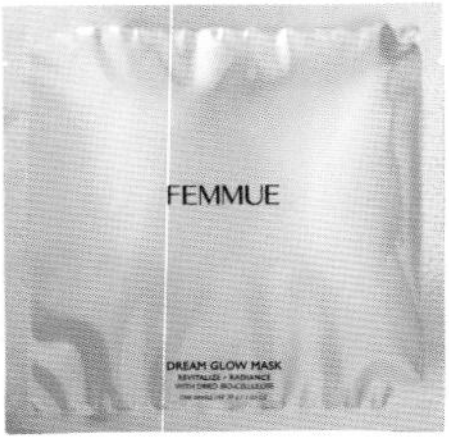

ドリームグロウマスクRR［透明感・キメ］
(FEMMUE)
30ml×6枚入／¥4,620(税込)

紫外線によるダメージや、乾燥が気になったときに使うと1日で驚くほど肌コンディションが回復するチャージマスク。

ベリージェントル ハイドラマスク(トリロジー)
60ml／¥5,280(税込)

鎮静と保湿のバランスがよいレスキュー系保湿マスク。日焼け後や花粉シーズンに取り入れて肌コンディションを整えて。

メーカーホームページ一覧

◆アルジタル	https://argital.jp/
◆アルテヤオーガニック	https://alteyaorganics.jp/
◆ヴェリマ	https://www.verima.com/
◆菊正宗酒造	http://kikumasa-cosme.jp/
◆ジュリーク	https://www.jurlique-japan.com
◆第一三共ヘルスケア	https://www.daiichisankyo-hc.co.jp/site_minon-aminomoist/
◆ドゥーオーガニック	https://www.japanorganic.co.jp/doorganic/
◆トリロジー	https://www.trilogyproducts.jp/
◆ハーブファーマシー	https://herbfarmacy.jp/
◆ハリウッド	https://hollywood-jp.com/
◆マルティナ	https://www.martinaorganicskincare.com/
◆無印良品	https://www.muji.net/
◆AUSE	http://ause.jp/shop
◆BLUME edena	http://www.blume-cosmetics.com/
◆Dr.ハウシュカ	https://www.drhauschka.jp/
◆FEMMUE（アリエルトレーディング）	https://femmue.jp/
◆MOON PEACH	https://moonpeach.jp/
◆Omorovicza	http://omorovicza.shop/
◆OSKIA	https://www.oskiaskincare.jp/

お悩み別処方せん1

乾燥

夜より朝の「超洗顔」を重視。
日中のダメージに
備えましょう

クレンジング
洗顔料の
選び方

肌をやわらかくするクレンジングミルクで、刺激ゼロ洗顔を！

肌が乾燥する最大の原因は、「洗浄力が強すぎる洗顔料」や「肌を強くこする洗顔法」で、皮膚表面の角質層を削り取ってしまうこと。

そんな刺激の強い洗顔をしていると、表皮の皮脂膜が失われて水分がどんどん蒸発するようになり、肌のバリア機能が著しく低下して炎症しやすくなります。

また、乾燥が進むと自らを守ろうと角質層が異常に硬くゴワゴワになり、外側から水分や油分を与えても受け付けない、「うるおいを拒絶する肌」になっていきます。こういう肌は、ターンオーバーがスムーズに行われていないので、いくら乳液やクリームをつけても、単なる〝その場しのぎ〟のケアにしかなりません。

まずは、**徹底的に肌への刺激をなくし、肌のやわらかさを取り戻すケアをすることが**大切なのです。

そういうときに選びたいのは、**クレンジングミルクの中でも、より低刺激で、より指すべりのよいもの。**私のおすすめは、100%自然界に存在する原材料を使用している「マルティナ」のクレンジングミルク（83ページ参照）です。オーガニック系だからすべて安心とは限りませんが、「マルティナ」の場合はエキスを抽出する際も合成溶媒を一切使用しないなど、徹底した自然派。油分と水分のバランスが絶妙で、指すべりが非常によく、肌をやわらかく仕上げることでも定評があります。

コスパのよいプチプラ系のクレンジングミルクをお望みの場合でも、できるだけ「よけいなもの」が配合されていないものを選ぶようにしましょう。

洗い方のポイント

夜より朝の洗顔をより丁寧に！

乾燥が気になる人は、主に夜、たっぷり乳液やクリームを塗って、念入りにお手入れしているのではありませんか？

でも、乾燥している肌の場合、**夜より朝のお手入れのほうが重要**です。

なぜなら、日中の肌は、紫外線や大気汚染、空調、ホコリなどのダメージにさらされています。乾燥が進むリスクは、夜よりずっと大きいのです。

朝、たっぷり乳液やクリームをつけろ、といっているわけではありません。それより、「超洗顔」でしっかり水分と油分のバランスを整えることのほうが重要です。何かと忙しい朝だからこそ、**5分早く起きて丁寧に「超洗顔」しましょう。**

洗顔後のケア

スプレータイプの化粧水で、キメを整えよう！

日中のさまざまなダメージから肌を守るには、保湿よりも「化粧水で肌のキメを整える」ことのほうが重要です。

肌のキメを整えるには、**とろみのある保湿系の化粧水より、シンプルなハーブウォーター系の化粧水のほうが適しています。**おすすめは、肌に触れずに顔全体にムラなく塗布できるスプレータイプの化粧水です。**洗顔後、少なくとも5分くらい経過してから化粧水をスプレーし、1〜2分放置してキメが整うのを待ってから、乳液やクリーム、UVクリームなどを薄くなじませるのがコツです。**

今までクリームを塗りまくっていた人は、最初は不安かもしれませんが、そのほうが乾燥しにくく、化粧崩れも防げます。

お悩み別処方せん2

ニキビ

ひどいニキビこそ、
摩擦ゼロの「超洗顔」!

クレンジング
洗顔料の
選び方

根こそぎ皮脂を奪うオイルクレンジングは、絶対にNG。かえって皮脂分泌が増えます

ニキビに悩んでいる人が犯しやすいミス、それは、オイル系のクレンジング洗顔料で、肌に必要な皮脂まで根こそぎ取ろうとすることです。

それでは、皮脂不足を補おうと、かえって皮脂分泌が過剰になってしまいます。

皮脂分泌が多い人も、やっぱりクレンジングミルク。

白ニキビ、黄ニキビ、赤ニキビ、黒ニキビを問わず、クレンジングミルクで余分な皮脂や汚れだけを落とすようにしましょう。

ただし、汗を大量にかく夏は、肌の水分量も不足しがちです。

「皮脂が過剰でテカテカするのに、カサつく」という場合や、「暑いからサッパリしたい」という場合は、**ときどき水分の多いジェルタイプのクレンジング洗顔料に切り換えてもいい**でしょう。

洗い方のポイント

ニキビはできる場所によって原因が違う！ それぞれに合ったケアを

ニキビは、その原因によってできやすい場所が異なります。生活習慣を見直すとともに、できやすい場所を集中的にクルクルとマッサージして、余分な皮脂やメイクなどをしっかり落としましょう。

おでこのニキビ

おでこ（額）は皮脂分泌が多く、思春期に赤ニキビができやすい場所。大人の場合は自律神経の乱れでニキビができやすくなります。

睡眠時間は足りていますか？　仕事のストレスをため込んでいませんか？　ゆっくり休息をとれるよう生活リズムを調整するとともに、「超洗顔」で過剰な皮脂分泌による毛穴の詰まりを除去しましょう。

おでこは、**シャンプーやコンディショナーのすすぎ残しで毛穴が詰まりやすい部位**でもあります。入浴後のクレンジング洗顔をいつもより念入りに行うのもおすすめです。

鼻まわりのニキビ

鼻のニキビは、毛穴の詰まりや刺激しすぎが主な原因です。

ニキビが気になるからと、ゴシゴシ洗ったり、指で刺激していませんか？

逆に、ニキビがある部分を刺激しないようにと、患部を避けて洗うのもダメ。洗い残した部分に雑菌が繁殖してしまいます。とくに、炎症している赤ニキビ、膿がたまっている黄ニキビがあるときは、**クレンジングミルクを他の部分よりたっぷり使い、力を入れずにクルクル**して汚れを浮き上がらせましょう。

頬のニキビ

あまり皮脂分泌が多くない頬にニキビができる場合、食事に問題がある可能性が大です。よくあるのは、糖質の摂りすぎです。チョコレートやクッキー、菓子パンなどの甘いものや、パン、パスタ、ラーメンなどの小麦粉食品を摂りすぎていませんか？　添加物の多いジャンキーな食べ物は、糖と脂肪の塊。ニキビの大敵です。野菜中心の食事を心がけ、体の中からデトックスしましょう。

ストレスが多く過食に走りやすい人は、天然ハーブの香りのクレンジング洗顔料を選ぶと、イライラや過剰な食欲を抑制する働きも期待できます。

口やあごのまわりのニキビ

便秘がちな人、ストレスで胃腸が弱っている人は、口のまわりやあごにニキビができやすくなります。

皮脂過剰というより、こうした内臓機能の低下でターンオーバーに乱れが生じている可能性が大。毛穴が詰まりやすくなっているので、コメド（ニキビの初期段階）もできやすくなります。まずは腸内環境を改善し、たっぷりとクレンジングミルクを使って集中的にクルクルとマッサージしましょう。

フェイスラインのニキビ

フェイスラインは、ホルモンの影響を受けやすい部分。10代から30~40代くらいの男女に多く、女性の場合は生理前になると悪化しやすくなります。

このようなニキビは、「清潔」を徹底して対抗するのが一番。洗い残しに注意するのはもちろんですが、すすぎ残しにも十分注意しましょう。

洗顔後のケア

脂質過剰でも、保湿ケアはマスト。大人ニキビは、ピーリングによる角質ケアも

ニキビができやすい人は、過剰な皮脂を落としたり抑えたりすることに注目しがちです。でも、ニキビにとっては、**水分不足も大敵**です。洗顔後は乳液やクリームでしっかり保湿ケアをし、水分を逃がさないように注意しましょう。

また、30代以降にできる大人ニキビは、ターンオーバーが低下し、古い角質がはがれ落ちずに毛穴が詰まりやすくなるのが大きな要因です。肌表面がザラザラしていて分厚くなっている場合は、**クレイ系のマスクやソフトピーリング**で、古くなった角質を除去し、ターンオーバーを整えるようにしましょう。

お悩み別処方せん3

毛穴

毛穴が目立つときは、
クレイ系の
クレンジングバームや
パックを活用

クレンジング
洗顔料の
選び方

ディープクレンジング用に、バームタイプをひとつ持っておくと便利

毛穴ケアで絶対に避けたいのは、毛穴の皮脂や角栓を取ろうとクレンジングオイルでマッサージしたり、洗顔ブラシで毛穴の中を洗おうとすること。角栓を取る毛穴パックもダメ。肌がダメージを受けて乾燥し、角質層が硬くなってかえって毛穴が目立つようになります。

毛穴の皮脂汚れは、決して無理やり取ろうとしないこと。毎日クレンジングミルクで「超洗顔」していれば、次第に黒ずみも取れ、毛穴が目立たなくなっていきます。

ただし、**黒ずみがひどいときや、毛穴のまわりの角質が分厚くなっている場合は、クレンジングバームもおすすめ**（85ページ参照）です。バームは、ワセリンやミツロウなどをベースにしたもので、直訳すると「軟膏」という意味。汚れを吸着する働きがあり、保湿力もあるので、毛穴の黒ずみや角質のカケラを落とすにはうってつけです。最近はオーガニックのハーブエキスを配合した保湿力の高い

バームも多いので、ぜひチェックしておきましょう。

洗い方のポイント

角栓が気になっても、決して指先に力を入れないこと！

毛穴が気になっている人は、指先で小鼻を強くマッサージして角栓や黒ずみを押し出そうとしてしまいがちです。そんなことをしても、かえって角栓が増え、毛穴が目立ってしまうだけです。

小鼻のまわりは指1本だけで、その他の部分は2〜3本の指で、力を入れずにクルクルと小さく円を描くようにマッサージしましょう。

途中で指すべりが悪くなってきたら、クレンジング洗顔料を追加するか、少量の水を加えて、摩擦が強くならないようにしましょう。

鏡を見ながらマッサージすると、洗い残しを防ぐことができます。

すすぐときは、手のひらでぬるま湯をたっぷりすくい、肌に対して垂直に手を動かしてぬるま湯を肌に当て、指の腹でクルクルとバームを乳化させながら丁寧にすすぎましょう。

洗顔後のケア

毛穴が目立つ部分だけは、収れん化粧水で引き締めケアをしましょう

洗顔後は、スプレータイプの化粧水などを吹きかけ、キメを整えるようにしましょう。皮脂分泌が多い部分や、毛穴が大きく開いて見える部分は、さらに、その部分だけ収れん化粧水で引き締めるようにしましょう。

収れん化粧水は**オーガニック系でアルコールが多めのもの**を選びましょう。コットンを2枚重ねにして収れん化粧水をたっぷり含ませ、肌に当てるだけでOK。決してこすらないようにしましょう。

化粧水の後は、乳液でさらに水分と油分のバランスを整え、角質をやわらかくしましょう。皮脂の過剰な分泌を防ぐため、クリームをつけることも忘れずに。

お悩み別処方せん4

シミ

角質をやわらかくして、
ターンオーバーを
整えましょう

クレンジング洗顔料の選び方

ミルクタイプとバームタイプを併用して、角質をやわらかくしよう！

シミ対策で一番重要なのは、肌が新しく生まれ変わるターンオーバーの周期を整えることです。肌の奥でつくられるメラニンが古い角質とともに順調にはがれ落ちるよう、クレンジングミルクによる「超洗顔」で肌の水分と油分のバランスを整えていきましょう。

ただし、ファンデーションやコンシーラーが肌に残っていると、新たなシミやできてしまったシミを濃くする原因になります。シミを隠すメイクをしている人は、**メイクの濃さに合わせてクリームタイプやバームタイプのクレンジング洗顔料を選ぶ**ようにしましょう。

メラニンを抑制するハーブエキスや美容成分を配合したクレンジングミルクもありますが、迷ったときは、**高価なものより遠慮なくたっぷり使えるもののほう**がおすすめです。

角質が分厚くなっているときは、クレイを配合したバームや洗い流すタイプのクレイパックで強制的に角質を取り去るのもひとつの手です。

洗い方のポイント

コンシーラーなどはしっかり落とすこと。洗い流すときは、水圧の強いシャワーは避けて

コンシーラーでシミ隠しをしている人は、その部分を人差し指や中指の腹で細かく念入りにクルクルマッサージして、メイク汚れをしっかり落としましょう。すすぐときも、手のひらで水をたっぷりすくい、パシャパシャと水を押し当てるようにしてすすぎましょう。

熱いシャワーや、水圧の強いシャワーを顔に当てると、メラニンをつくるメラノサイトを刺激してしまいます。ぬるま湯を使って手でやさしく洗い流しましょう。

洗顔後のケア

「超洗顔」ならブースターは必要なし。いつも通りの保湿ケアを

シミをつくらせない、濃くしないといわれる美容成分を配合した美容液を使用

したり、こうした美容液の浸透をよくするためにブースター（導入剤）を使ったりしている人も多いのではないでしょうか？

ブースターにはさまざまなタイプがあり、なかには美容成分が浸透しやすいよう、角質を除去したり、肌表面をやわらかくしたりするものもあります。

要するに、肌表面の皮脂膜や角質を削り取って化粧水や美容成分を入れるという、荒療治です。

「超洗顔」をした肌は、肌の水分と油分のバランスが整い、表面もなめらかになっているので、ブースターのような荒療治は必要ありません。

いつものように、化粧水で肌のキメを整え、乳液をつけるだけで十分。その上で、美容液やクリームをつけるようにしましょう。

シワ

シワを開いて、
1カ所あたり10秒クルクル。
形状記憶ケアしよう！

クレンジング洗顔料の選び方

指すべりのいいクレンジングミルクがベスト

シワ対策も、クレンジング洗顔料は基本的にクレンジングミルクでOK。ただし、アイメイクや口紅など、落ちにくいメイクはポイントメイク専用のリムーバーで落としてから「超洗顔」をしましょう。

気になるシワの部分を伸ばしながらクルクルマッサージしたいので、時間に余裕がある夜に、たっぷり時間をかけて洗顔するのがポイントです。

洗い方のポイント

シワは指で開いてやさしくクルクル

肌の乾燥が原因でできる表皮性の「乾燥ジワ」も、溝が深くなって真皮にまで到達した「老化ジワ」も、顔中どこにでもできるわけではありません。

すべてのシワは、もとはといえば、表情筋を動かすときにできる表情ジワです。

若いうちは、肌をうるおしたり、筋肉をリラックスさせたりすると消えるのですが、肌がハリを失っていくと、表情ジワがそのまま「形状記憶」されて定着し、肌をうるおしても、筋肉をリラックスさせても消えなくなっていきます。

そこで、「超洗顔」で肌のうるおいを取り戻すとともに、肌がシワを「形状記憶」しないよう毎日シワを伸ばすケアをしましょう。

やり方はカンタン。**シワを片方の手でしっかり開き、クルクルマッサージ**するだけ。**1カ所あたり10秒くらい**が目安です。

こうして1カ所ずつ丁寧にクルクルすれば、溝に埋まった皮脂や汚れもスッキリ。毎日繰り返していると、シワのまわりの角質がやわらかくなり、キメも整って、次第にシワが目立たなくなっていきます。

おでこのシワ

おでこを上に持ち上げて、クルクル

加齢とともにどんどん深くなっていくおでこのシワも、丁寧にマッサージすれば、それ以上深くなるのを防ぎ、次第に目立たなくさせることができます。

片方の手の人差し指と中指でシワをしっかり開き、もう片方の手の指の腹で、シワの溝をクルクル細かくマッサージしましょう。

目元のシワ

人差し指と中指でシワを開いて、クルクル

目尻のシワは、人差し指と中指でしっかり開き、もう片方の手の指でクルクル。目の下のシワは、手の指3本を使って真下に引っ張って伸ばし、もう片方の手の指でクルクルというように、しっかりシワを開いてマッサージします。

ただし、目の下のシワは、目頭から目尻に向かってできますから、マッサージするときは、その逆方向に向かってマッサージすること！　必ず**目尻から目頭に向かってクルクル細かくマッサージ**しましょう。

ほうれい線

頬を持ち上げて、クルクル

ほうれい線は、深くなるほど溝にメイク汚れがたまりやすく、「洗い残し」の部分がくすみがちです。すると、ほうれい線がよけいに目立ちます。

片手で頬を持ち上げながら、ほうれい線のシワをしっかり伸ばしてから、もう一方の手の指でクルクルとマッサージしましょう。

洗顔後のケア
アイクリームを、おでこのシワやほうれい線にも！

化粧水の後、顔全体を乳液やクリームでしっかり保湿したら、気になるシワの部分だけ、スペシャルケアしましょう。

スペシャルケアにおすすめなのは、**目元専用のアイクリーム**。エイジングによるダメージをリペア（回復）させる成分が豊富に含まれているため、目元だけでなく、おでこやほうれい線などにも効果的です。

目元

目尻はこめかみに向かって。
目の下は目尻から目頭に
向かってクルクル。

シワを開くときは、人差し指と中指で

おでこ

シワを開きながら額中央から
こめかみに向かってクルクル。

ほうれい線

頬を持ち上げて
シワを伸ばして
クルクル。

[シワの部分の洗い方]

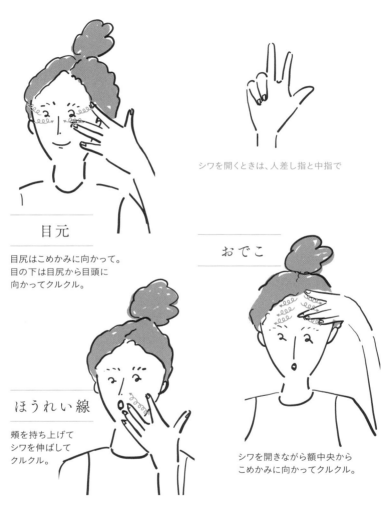

お悩み別処方せん6

たるみ

顔をやさしくなでながら、
気になる部分を
リンパマッサージ

クレンジング洗顔料の選び方

クレンジングミルクで、リンパの流れをよくするマッサージを

目元や頬が下がってきたり、二重あごになったりしてフェイスラインが大きく崩れてしまうのは、表情筋が衰えて古いゴムのように硬くなり、皮膚や脂肪を引き上げる力を失ってしまうから。

また、洗顔で強くゴシゴシこすると、皮膚と骨をつないでいる「靭帯」を傷つけてしまい、かえって顔をたるませる結果になってしまいます。

そこで、毎日表情豊かに過ごすとともに、「超洗顔」で顔をやさしくなでるようにマッサージし、表情筋をリラックスさせてあげましょう。

使用するのは、ここでもやはりクレンジングミルク。あごや首にもたっぷりつけて力を入れずにクルクルマッサージし、二重あごや首のたるみも防ぎましょう。

洗い方のポイント

顔は内側から外側へ
首は上から下へ

目のまわりの皮膚は非常に薄くてたるみやすいので、アイメイクは専用のリムーバーで拭き取るだけにしましょう。

他の部分は、顔は内側から外側へクルクル、首は上から下へ下へと、マッサージしましょう。

目の下の「ゴルゴライン」、頬の「ブルドッグライン」、二重あご、首のたるみを解消するためのマッサージをご紹介しますので、クレンジングミルクで洗顔しながら、取り入れてみてください。

洗顔後のケア

あごや首もしっかり保湿

洗顔後は、首やあごにも化粧水と乳液、クリームを。二重あごが気になる人は、「超洗顔」と同じように乳液やクリームで軽くマッサージしましょう。

ゴルゴライン（目の下）、ブルドックライン（頬）

片手でこめかみをしっかり押さえ、もう片方の手の指で、口角からこめかみに向かって、やさしくなでるようにクルクルマッサージ。

二重あご、首のたるみ

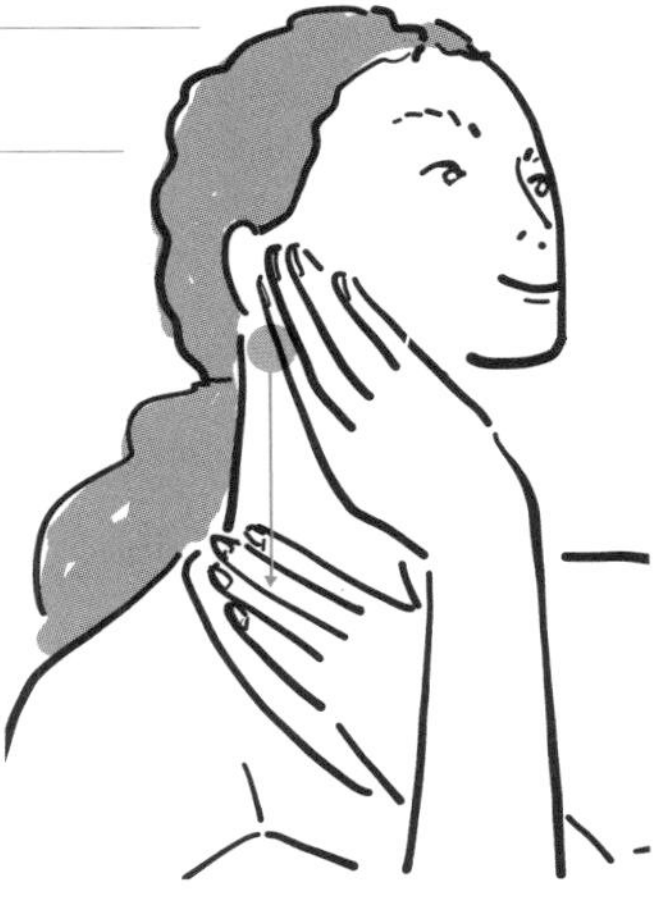

❷首の前面も左右の手で交互になでおろす。

❶あごを上げて首を伸ばし、片方の手のひらであごのたるみを包み込んで耳の下部（耳下腺リンパ節）を少し圧迫し、そのまま鎖骨に手をすべらせる。反対側も同様に。

［たるみ解消マッサージ］

お悩み別処方せん7

敏感な肌

赤み・かゆみがあるときは
一度肌をぬらしてから

クレンジング 洗顔料の選び方

弱酸性・アルコールフリーのクレンジングミルクを！

肌のバリア機能がダメージを受けているときは、水以外のあらゆるものに対して敏感に反応し、赤みやかゆみが生じてしまうことがあります。

そんなときは、石油系の界面活性剤を使用していないもの、肌と同じ弱酸性でアルコールフリーの、できるだけシンプルな処方のものを選ぶようにしましょう。

洗い方のポイント

赤み・かゆみがあるときは、一度肌をぬらしてからマッサージ

肌への負担を最小限にするため、あらかじめ水かぬるま湯で顔をぬらすか、ぬれタオルなどで顔を湿らせてから、クレンジングミルクをつけてマッサージしましょう。途中で指すべりが悪くなってきたら、クレンジングミルクを足したり、水でぬらしたりするのを忘れずに。

洗顔後のケア

よけいなものを含まない、できるだけシンプルな化粧品を

敏感な肌の場合、洗顔後のお手入れで一番重要なのは、化粧水です。**無添加・弱酸性・アルコールフリーの化粧水**をたっぷりと使って、赤みや炎症をクールダウン（鎮静化）しましょう。

肌が敏感になっているときは、コットンの摩擦さえもダメージの原因になります。ぬるま湯で軽く温めた手に化粧水をたっぷりとのせ、顔を包み込むようにして、じっくり肌になじませましょう。

乳液やクリームも時間をかけて少しずつゆっくりとなじませること。こうして皮膚表面に油膜を張って、水分の蒸発を防ぎ、外界の刺激から肌を守りましょう。

第4章

基礎化粧品を最大限に活かす方法

「化粧水＝肌をうるおすもの」ではない！

これまで何度もご説明してきたように、化粧水は肌の水分を補うもの、肌をうるおすもの、というのは完全な誤解です。

実際、海外には日本の「保湿用の化粧水（ローション）」にあたるものは存在しません。欧米のドラッグストアで化粧水を探すと、クレンジング用の「拭き取り化粧水」がほとんどです。

唯一、日本の化粧水に近いものがあるとすれば、スプレータイプのミネラルウォーターか、微量の精油成分が含まれるハーブウォーターです。これらの中身は、ほぼナチュラル。つまり、化学合成された美容成分は含まれていない、ただの水です。

一方、日本の保湿化粧水は約80％が水で、約10％がアルコール。そこに、グリセリンやセラミド、ヒアルロン酸などの保湿成分を加え、香料、乳化剤、防腐剤などで整えています。

ただの水よりは、保湿化粧水のほうが保湿効果があるのでは？と思うかもしれませんが、**8割が水なわけですから、乳液やクリームのような保湿効果は期待できません。**率直にいえば、洗顔後にそのまま乳液やクリームをつけても、保湿効果はほとんど変わりません。

だからといって、ここで化粧水不要論を唱えているわけではありません。むしろ私は、洗顔後に化粧水をたっぷりと使うようおすすめしています。

ただし、**化粧水を使う目的は、保湿でも、保水でもなく、肌のキメを整えること**です。

化粧水の水分が浸透するのは、20層ほどある角質層の上のわずか2〜3層だけで、それ以上奥にまで浸透することは、基本的にはありえません。

しかし、肌表面の2〜3層に水分を浸透させると、肌表面の細かい溝「皮溝」に囲まれてできたふくらみ「皮丘」がよりふっくらとして肌のキメが整い、毛穴も目立たなくなります。このような「キメが整った肌」は、光を反射して白く輝いて見えます。

つまり、私が化粧水をたっぷり使うよう推奨しているのは、ワンランク上の美しい肌をつくるため。**保湿が目的ではないので、美容成分をたっぷり配合した高い化粧水である必要はない**と思っています。

とくに、乾燥が気になる人や、敏感な肌の人は、肌への負担が少ないアルコールフリーのもののほうがベター。アルコールの種類によっては、肌のバリア機能を破壊してかゆみや赤みの原因になります。また、アルコールは揮発性があるため、かえって肌の水分が奪われ、さらなる乾燥を招きかねません。

私の場合は、香りがよくてリラックス効果の高い「ブルガリアンローズウォーター」(86ページ参照)を愛用していますが、お好みでお好きな香りのハーブウォーターを選んでいただいてもいいでしょう。

スプレータイプなら、肌にまんべんなくつけられるだけでなく、ファンデーションなどのメイクをした肌にもシュッとひと吹きして、肌のキメを整えることができます。

エアコンや空調で肌が乾燥しているときや、夕方に肌が疲れてくすんで見えるときは、肌の表面が乾いて「皮丘」がしぼんでいるはずです。そんなときも、シュッとひと吹きするだけで肌のキメが整い、くすみが目立たなくなって、なめらかな美しい肌がよみがえります。

また、肌が乾いていると、皮脂が過剰に分泌されるようになりますから、夕方のテカリ防止にもおすすめ。お化粧直しのときも、わざわざ洗顔をしなくても肌が元気を取り戻してリフレッシュできますよ！

美肌上級者のための、「化粧水パック」テクニック

化粧水では保湿は不可能。ですから、化粧水をコットンやフェイスマスクシートに含ませて行う「化粧水パック」も、水分を補うのが目的なら、やってもムダ。ただし、次の3つが目的なら、やる価値があります。

◆肌のキメを整える
◆乾燥による炎症を鎮静化する
◆超優秀な抗エイジング系の美容成分を角質に浸透させる

化粧水パックは、正しい方法で行わないと、大量の化粧水をムダにしてしまうので、ここでそのちょっとしたコツをご紹介しておきましょう。

用意するのは、できるだけ大きめで、2〜3枚に裂いて薄くして使えるタイプのコットンと、たっぷり遠慮なく使える化粧水。プチプラのもので十分です。

まず、**コットンの四隅までヒタヒタになるくらいたっぷりと化粧水を含ませ、**

2~3枚に裂いて薄くしたものを、目と唇をのぞく顔全体にのせます。

コットンが厚いと、化粧水をコットンに吸わせるようなもの。肌にパックするときは、コットンの両端を引っ張って少し伸ばし、指が透けるくらいの薄さにして肌にのせます。

肌にのせておく時間は、約3分。

長時間パックしても、うるおいが充填されるわけではありません。キメを整えたり、炎症を抑えたり、美容成分を浸透させるだけなら3分くらいで十分です。

ただし、途中で乾いてしまったら、化粧水を足すのを忘れずに。パリパリに乾くまで肌につけておくと、逆に肌の水分や皮脂をコットンに奪われてしまうので、まだ湿っているうちにはがすようにしましょう。

すると、肌がふっくらなめらかに仕上がります。

ブースター(導入剤)を使わなくても、こうして**化粧水パックをするだけで、その後に使用する美容液や乳液が浸透しやすくなります。**

毛穴のまわりの角質が硬くなっているときも、肌がふっくらしてなめらかになると、毛穴が目立たなくなります。

乳液やクリームを、お肌のフタにしてはいけない！

化粧水をつけたら、水分が逃げないように乳液やクリームでフタをしなきゃ。そう思っていませんか？

「肌のフタ」の役割をするのは、肌の表面をおおっている皮脂膜です。皮脂が十分に分泌されていれば、乳液やクリームでフタをする必要はありません。少なくとも、30代までは皮脂が不足することはないはずです。

40代以降も、ガクンと大幅に皮脂が減ってしまうことはありません。乳液やクリームでフタをしなければならないほど乾燥しているとしたら、強い洗浄力の洗顔料を使ったり、ゴシゴシこすったりして、油分を失っている可能性が大！

「超洗顔」なら、肌に必要な油分まで奪ってしまうことはないので、乳液やクリームをベタベタ塗りたくる必要はありません。あくまでも、不足している油分を補うつもりで使用しましょう。

乳液とクリームは、必ずしも両方使う必要はありません。

どちらも主成分は水と油。乳液とクリームの違いは、乳液は水分が多めで、クリームは油が多めというだけです。肌のコンディションがよいときは、乳液だけでも十分。乾燥がひどいときや乾燥しやすい目元や口元はクリームというように、その日の肌コンディションを見ながら使い分けましょう。

乳液やクリームには、肌のテクスチャーをやわらかくなめらかにする働きもあります。顔全体に適量をなじませたら、両手のひらをこすり合わせて温め、手のひらを顔に押し当てるようにしてハンドプレスし、さらになじませると、脂浮きしにくい、やわらかい肌に仕上がります。

肌に油分を補うだけなら、高価なものを使う必要はありません。**赤ちゃん用や敏感肌用のシンプルなスキンケアシリーズ**の中から選べば、肌にダメージを与える成分も含まれていませんし、リーズナブルです。

ひとつ持っていると便利。ツヤ出しに、保湿に、何かと使える万能バーム

クリームで保湿してもうるおいが持続しないという人や、ベトベトするクリームは苦手という人には、バームがおすすめです。

バームは、ミツロウやワセリンなど油脂性の高い成分を半固形状にしたもの。常温では固まっていますが、肌にのせると体温でとろけてクリーム状になり、少量でも広範囲にのばすことができます。

乳液やクリームとの決定的な違いは、**水分をほとんど含まない**ということ。**肌にほとんど浸透しないので、荒れた肌や敏感な肌にもやさしく、肌を絆創膏のように保護**して肌内部の水分を逃がしません。

バームは保湿効果が高いだけでなく、全身いろいろな使い方ができるというのも大きな魅力です。

たとえば、ロウ（蠟＝ワックス）が含まれているので、ハンドクリームとして使えば水仕事の肌荒れ防止にもなりますし、リップクリームやネイルクリーム、へ

アワックスとしても使えます。

また、油分が多いので、メイク直しのときにも便利。マスカラやアイラインが落ちたときも、ティッシュでこすらず、少量のバームを指や綿棒につけて落とすとキレイに落ちて保湿もできます。

もともと、木の実から採れる植物油脂やミツロウを固めたバームは、傷や筋肉痛の治療に使われていました。オーガニック系ブランドの良質なものは、肌の炎症を鎮めたり、肌細胞を修復する天然の有効成分も含まれていますから、美肌づくりにもピッタリ。深呼吸したくなるようなハーブ系アロマのものも多いので、ぜひあれこれ試して自分のお気に入りを見つけてください。

チューブ入りのもの、リップクリームのようなスティックタイプのものなら、携帯にも便利。化粧ポーチにメイク道具のほか、ハンドクリームやリップクリーム、ヘアワックスまで入れて持ち歩いている人は、マルチに使えるバームにすれば、バッグをミニマムにできますよ！

美容液を使うなら、時間を惜しまないで！

「美容液とは、こういうもの」という定義はありません。

保湿成分にしろ、美白や抗シワ成分にしろ、有効成分が凝縮されている、スペシャルケアに適したアイテムです。

最近の美容液は肌細胞の老化のメカニズムを分子レベルまで解析し、最先端の技術や成分が開発されているので、私自身、気になるものもたくさんあります。

でも、シミも気になるし、シワやたるみもなんとかしたい……と次々に新しい美容液を取り入れていくと、手間ひまがかかるうえ、スキンケアがどんどん複雑になっていきます。

美容液の効果をしっかりと得るためには、それぞれに適したやり方で、丁寧にじっくり時間をかけて肌になじませないと、意味がありません。

「高価な美容液を使っているのに、あまり変化がない」「効果を実感できない」という場合、その多くは、つけ方にも問題があるのです。

したがって、**美容液は、時間がないとき、いつものスキンケアのついでにパパッとつけるには不向きです。**

美容液を使うなら、「いつも以上にスキンケアの時間がかかる」ということを覚悟して！　理想の美肌を手に入れるには、そのための時間をつくる努力も怠らないことです。

美容液を使うなら、1度にせいぜい2種類まで。それ以上は、手間と時間がかかるだけでなく、効果を実感しにくくなります。

また、有効成分には相性やバランスというものがあります。とくに、美容液の成分は効果を実感できるよう高濃度になっているので、複数の種類の美容液を1度に何種類も使用すると、肌への負担が大きくなります。

できれば1種類の美容液をじっくり丁寧に使っていくようにしましょう。

オールインワンタイプの懸念点

最近は、化粧水や乳液、美容液などのスキンケアをたったひとつでできるオールインワンタイプのジェルやクリームをよく見かけます。

仕事や子育てで忙しく、ゆっくりスキンケアをする時間がない女性にとっては魅力的ですよね。また、化粧水や乳液、美容液がひとつでかなうなら、コスパ的にもかなりお得なはずです。

商品によって、いくつの役割を兼ねているかは異なりますが、そのデメリットについても理解しておきましょう。

肌の水分量や脂質量はもちろん、そのバランスは人によってさまざまです。スキンケアとは、自分の肌にとって不要なものを取り去り、必要なものを補うこと。ところが、オールインワンタイプの場合、たったひとつにすべての機能をゆだねているため、水分だけを多めに補うとか、油分だけを多めに補うといった**自分の肌に合わせたオンリーワンのスキンケアができません。**

当然、紫外線を浴びた日には水分をたっぷり与える、冬になったら油分を多めに与えるなど、季節や肌コンディションに合わせた微調整もできません。

また、化粧水、乳液、クリーム、美容液は、それぞれに機能も使い方も異なります。本来なら、油分が少ないものから順番に、ひとつひとつ丁寧に肌になじませ、化粧品を使ったら1分ほどおく、美容液を使ったらまた1分ほどおく、というように、ある程度間隔をあけて使うのが理想です。

一度に全部つけるということは、ひとつひとつの効果を十分に得られない可能性があると考えたほうがよいでしょう。

さらに、オールインワンタイプはジェル状のものが多いので、油分は少なめのはず。少なくとも、**保湿効果はクリームのようにたっぷりと油分を含むものほど高くない**ということも覚えておきましょう。

より美しい理想的な美肌を目指すなら、手間と時間を惜しまず、ひとつひとつ丁寧にケアするのが一番。

美肌づくりに近道はないのです。

「オイル美容」は効果的だけど、難易度が高い！

オイル美容とは、その名の通り、オイルを使ったスキンケアのこと。

オリーブオイル、ホホバオイル、ココナッツオイル、アルガンオイル、スクワランオイルなど、オイルの種類はさまざまですが、天然由来の高純度なオイルを使用しているものがほとんどです。

オイルですから、基本的には油分を補うのが主目的ですが、洗顔直後につけて、化粧水のブースター(導入剤)として使用するという人もいます。

高純度なオイルはサラサラの仕上がりになるので、「油分を補いたいけれど、クリームのようにベタつくのは苦手」という人にも人気です。

ただ、天然由来成分とはいえ、精油の抽出方法はさまざまで、アルコールや石油系界面活性剤を使って抽出しているものもあります。

化粧品の場合、抽出するために使った成分を表記する義務がないため、100％天然成分と表記してあっても、商品によってはかなり肌に負担をかけるものもあります。

そもそも、高純度なオイルには、抽出した植物由来のビタミンやミネラルなども凝縮されているため、**天然成分とはいえ敏感な肌の人には刺激的すぎる場合もあります**。そのため、精油を使って自然療法を行う本場フランスの自然療法士はお医者さん並みの知識と経験を求められます。

また、油ですから、空気に触れると酸化します。オイルによっては比較的酸化しにくいものもありますが、昼間に太陽を浴びると多かれ少なかれ酸化して「油焼け」してしまう可能性もあるので、選び方・使い方には十分注意しましょう。

化粧水がそのまま肌の水分になることはないように、美容オイルがそのまま肌の油分になることはありません。

仕事柄、私も美容オイルは何種類か常備していますが、「今日はいつもよりちょっと肌が乾燥しているな」という日に、1滴か1／2滴だけ使う程度です。

とはいえ、これもけっこう難易度の高い技なので、通常は、**良質なオイルを含むナチュラル系・オーガニック系のクリームを使うのがおすすめ**です。

紫外線対策も、結局は「超洗顔」が決め手！

美容フリークの方なら、紫外線による「光老化」こそ、シミやシワの大きな原因だということは、よくご存じでしょう。

そこで、紫外線の季節には紫外線対策がマストなのですが、実は、ＵＶ対策用の乳液やクリームで、肌荒れやニキビなどの肌トラブルを起こす人がとても多いのです。

そこで、念のため、ＵＶ対策の基礎知識をご紹介しておきましょう。

紫外線にはＡ波（ＵＶＡ）とＢ波（ＵＶＢ）があり、次のような特徴があります。

Ａ波（ＵＶＡ）

- エネルギーは弱いけれど、波長が長く、真皮の奥まで届く紫外線。コラーゲンやエラスチンにダメージを与え、シワ、たるみの原因に。
- 雲やガラスを通過するので、曇りの日も、屋内でも注意が必要。

◆A波をカットする力の強さは、**PA分類**であらわされます。

B波（UVB）

◆エネルギーは強いけれど、波長は短いため地上に到達する量はわずか。
真皮にまでは届きません。
◆シミ、ソバカスをつくるほか、皮膚ガンの原因にも。
◆主に屋外でのリスクが大きいので「レジャー紫外線」とも呼ばれます。
◆B波をカットする力の強さは、**SPF値**であらわされます。

UV対策用の商品を見ると、SPFは2〜50、PAは＋〜＋＋＋＋（＋が1つから4つ）の表示があり、日本では、「SPF50、PA＋＋＋＋」がUVカットの最高レベルとなっています。

数値が高いほうがより効果的なイメージですが、最高レベルなら安心かというと、そうでもありません。

UV対策商品の原材料には**「紫外線吸収剤」**と**「紫外線散乱剤」**の2タイプが

あるのをご存じですか？

「紫外線吸収剤」は、紫外線を吸収することで肌に紫外線が入るのをブロックするのですが、紫外線を吸収して熱エネルギーに変換するとき、肌で化学反応が起こるため、肌への負担が大きく、肌荒れを起こしやすくなります。

一方、「紫外線散乱剤」のほうが肌への負担が少ないのですが、白浮きしやすいという特徴があります。逆に、「白浮きしない」といわれるものは、「紫外線吸収剤」を使用しているものがほとんどなのが、悩みどころです。

また、どちらの場合でも、汗で流れてしまったら意味がないため、何度も塗り直す必要があります。もちろん、ウォータープルーフタイプもあるのですが、これだと、強い洗浄力の洗顔料を使わないと落ちにくいからやっかいです。


このように、UV対策を突き詰めていくと、**紫外線によるダメージを防ぐか**、**紫外線吸収剤によるダメージを防ぐか**という、究極の選択になってしまいます。

ですから、UVカットレベル、自分のライフスタイル、肌コンディション、TPOに合わせたUVケア製品を選ぶことをおすすめします。

私のおすすめは、ＵＶカットレベルは「ＳＰＦ30～50、ＰＡ＋＋～＋＋＋」くらいのもの。

そして、帰宅したら必ず「超洗顔」をして、汗や皮脂、ＵＶ対策成分をスッキリ洗い流し、肌の水分と油分のバランスを整えること。

どんなに注意しても紫外線を浴びてしまうこともありますから、そんなときは、冷タオルやコットンパックで肌の炎症を鎮静化したり、しっかり保湿をして乾燥を防ぎ、ターンオーバーを促すよう心がけましょう。

大量の汗をかく夏は、肌の水分・油分を奪われて乾燥し、バリア機能が低下して肌が敏感になってしまいがちです。そんな状態の肌に、ＵＶ対策クリームをつけること自体が、ノーリスクではないのです。

結局のところ、ＵＶ対策で一番重要なのは、高機能なＵＶ対策クリームよりも毎日の地道なスキンケア。「超洗顔」で肌のバリア機能を整え、紫外線に負けない肌づくりをしておきましょう！

週末のごほうびマスクで、赤ちゃんのようなたまご肌に

心身が疲れているときは、肌も疲れています。肌がゴワゴワしてメイクのノリが悪くなったり、毛穴が開き気味になっているときは、まとまった時間がとれる週末などに、集中メンテナンスしましょう。

おすすめは、天然の泥＝クレイを使ったマスクパック。天然のクレイには海や大地のミネラル分が豊富に含まれていて、その細かい粒子が、毛穴に詰まった汚れや古い角質、過剰な皮脂をパワフルに吸着しつつ、うるおいバランスを整えて、しっとりツルツルのたまご肌にしてくれます。

クレイにも原産地の環境によってさまざまなタイプがあり、それぞれ粒子の大きさや含まれるミネラル分、効果が異なりますので、よく調べて自分の肌コンディションや目的に合ったものを選びましょう。

有名なのは、海底でとれる泥「マリンシルト（海シルト、海泥）」や、火山灰や溶岩などの粘土鉱物由来のベントナイト、藻類のからや化石の堆積物由来の珪藻

土など。**血行をよくしてくすみを改善したり、肌細胞を活性化する作用がある**といわれています。

市販されているクレイパックには、そのまま使えるクリームタイプやペーストタイプのほか、泥をそのまま乾燥させたパウダータイプや固形タイプもあります。

私はパウダーを常備しています。水で溶いて顔だけでなく首やデコルテをパックしたり、スクラブや入浴剤にしたりと、あれこれ使えて便利。コスパもよいのでクレイパック初心者にもおすすめです。

赤ちゃんのようなたまご肌を目指すなら、週に1度はクレイパックを。

クレイは粒子が細かいマイルドなものでも、目に入ると危険です。パックをするときは、目のまわりを避けて使いましょう。

首・背中・手のケアも、基本は「超洗顔」

背中のニキビをなくしたい。首のシワを目立たなくしたい。手のシミ・シワをなんとかしたい……。

顔だけでなく、ボディのスキンケアに関する相談もよく受けるのですが、顔もボディも基本的なスキンケアの考え方は同じです。

たとえば、背中は鼻と同じで皮脂腺がたくさんあるため、毛穴が詰まってニキビができやすく、毛穴の開きや黒ポツも目立ちやすい部分です。

手が届きにくいため、ボディブラシやナイロンタオルでゴシゴシ洗う人が多いのですが、顔ならそんなこと、絶対にしませんよね。

体を洗うときも、手で洗うのが一番。どうしても手が届かない部分は、**肌ざわりのよいコットンのタオルや天然の海綿スポンジ**を使い、天然石けんをよく泡立てて、できるだけ力を入れずにやさしく洗いましょう。

シャンプーやトリートメントのすすぎ残しがトラブルの原因になっているケー

スも多いので、まずシャンプーとトリートメントをすませ、ボディは一番最後に洗うようにしましょう。

入浴後に腕や脚などに乳液やクリームをつけて保湿する人は多いのですが、背中までちゃんとつけていないのでは？　背中もしっかり保湿しましょう。

また、首や手など、自分の手が届く部分はできるだけクレンジングミルクまたはクレンジングクリームを使って「超洗顔」とまったく同じ要領で洗うのが理想です。

首は、顔を「超洗顔」する延長で、そのままクルクルマッサージ洗いしましょう。片方の手でシワを伸ばしながら、反対の手の指の腹で内側から外側へ、上から下へとシワの部分をクルクルマッサージしてください。

手は、手の甲だけでなく、指1本1本をクルクルマッサージしましょう。

手指の皮膚は、心臓から遠いため血流が悪くなりやすく、酸素や栄養が届きにくい部分です。しかも、手肌のターンオーバーは顔より5～6倍も遅いといわれています。その分、老化が進みやすいのですが、「超洗顔」による効果もあらわれやすいので、ぜひ、試してみてください。

手の甲や指は皮脂腺が少ないので普通の乳液やクリームでマッサージしてもよいのですが、クレンジング洗顔料を使うと、洗浄成分で黒ずみや角質も除去できます。

ひざやひじ、かかとなど、角質が分厚くなりやすい部分はピーリングするようおすすめします。ただし、角質を取ったらしっかり保湿することを忘れずに！

ファンデーションは落としやすい系を

「超洗顔」の基本であるクレンジングミルクは、オイリー肌や乾燥肌はもちろん、ニキビ肌、敏感な肌まで、肌質や肌の状態を選ばず使えるマルチなクレンジング洗顔料です。ただ、油分の多い濃いメイクは、クレンジングミルクでは落とせません。

アイシャドーやリップなどのポイントメイクだけなら、ポイントメイク専用のリムーバーで拭き取ればよいのですが、石油系の落ちにくいファンデーションは、クリームタイプやバームタイプ、オイルタイプなど、より油分の多いクレンジング洗顔料でなければ落とせません。その場合、ダブル洗顔をするしかなくなってしまいます。

そこで、**ファンデーションは、クレンジングミルクでしっかり落とせるミネラルファンデーション、それもオーガニック系のものがおすすめです。**

ミネラルファンデーションは、天然のミネラル（鉱物）を主成分としたファンデーションです。基本的には、石油系の合成界面活性剤はもちろん、肌を刺激するタール系色素や毛穴を詰まらせるシリコン、合成ポリマーなどは含まれていません。なので、クレンジングミルクだけで十分に落とせます。

日本で市販されているものの中には合成成分を含むものもあるので、購入するときは成分をしっかりチェックしましょう。

ミネラルファンデーションというと、昔は「肌にやさしいけれど、保湿力やカバー力が低い」「落ちやすい」というイメージでしたが、今はそんなイメージを払拭するような優秀なものもいっぱい。

リキッド（液体）、クリーム、プレスト（固形）、ルース（粉）、クッションタイプなど、さまざまなタイプがあって、保湿力、カバー力、透明感などのうち、どの点を重視するかで選ぶことが可能です。植物由来のオイルや美容成分を含むものも多く、美肌効果を狙う人の選択肢も豊富です。

ミネラルファンデーションにしてクレンジングミルクだけでメイクをスッキリ落とせるようになれば、カバー力重視のファンデーションが必要なくなっていくはず。ファンデーション不要の美肌も決して夢ではありません。

第5章

肌を元気にする
インナーケア

生活を見直して、肌細胞のゾンビ化を防ごう！

全身の免疫力が低下すると風邪などの感染症にかかりやすくなるだけでなく、さまざまな不調を招きます。

肌トラブルもそのひとつ。疲れがたまったり、不規則な生活や食事の栄養バランスの乱れが続くと肌トラブルが起こりやすいのは、免疫力の低下が大きな要因のひとつです。

また、**肌免疫が低下すると、肌老化も加速**します。

健康な肌の中では、ランゲルハンス細胞と呼ばれる免疫細胞が司令塔となって、炎症を鎮めたり、古くなった細胞をお掃除したりして、肌が生まれ変わる周期＝ターンオーバーを促す働きをしています。

しかし、ランゲルハンス細胞は加齢にともなって減少していくだけでなく、紫外線やストレス、生活習慣の乱れでも減少してしまいます。

すると、どうなるか？

実は、最近の研究で、古い細胞のお掃除が十分に行われなくなって、「ゾンビ細胞」と呼ばれる〝死なない狂った細胞〟が増えることがわかってきました。

「ゾンビ細胞」はまわりの細胞を次々と傷つけてゾンビ化させていきます。

つまり、ランゲルハンス細胞が減少すると、肌細胞がどんどんゾンビ細胞に乗っ取られてしまうということ！

ランゲルハンス細胞は、表皮細胞の2～5％を占めていますが、加齢とともに徐々に減少していきます。ですから、**必要以上にランゲルハンス細胞を減らさないことが、肌老化を防ぐ大きな鍵**となります。

免疫力が衰えてくると、肌だけでなく、血管や内臓、脳など、さまざまな場所でゾンビ細胞が出現して悪さをし、病気や老化を招きます。

全身の健康を守るためにも、より美しく若々しい肌をキープするためにも、生活習慣を見直していきましょう。

睡眠は、最初の90分〜3時間が重要

「肌を内側からキレイにする」というと、食事やサプリメントを一番に思い浮かべる人が多いのではないでしょうか？

でも、肌への影響がテキメンにあらわれるのは、なんといっても睡眠。寝不足のときと、ぐっすり眠った翌朝とでは、肌のキメやツヤまで違いますよね。

その違いは、**睡眠中に分泌される2つのホルモン**によるものです。

ひとつは、**天然の美容液ともいえる「成長ホルモン」**。傷ついた細胞を修復し、新しい細胞をつくってターンオーバーを促進するほか、抗利尿作用によって体から水分が失われるのを防ぐ働きもあるため、うるうる・ツヤツヤの肌をつくることができるのです。

もうひとつは、**睡眠ホルモン「メラトニン」**です。

メラトニンは、朝の強い光を浴びると分泌量が抑制され、夜暗くなると分泌量が増えて眠りに誘うホルモンで、体内時計のリズムをコントロールする働きでも知られていますが、それだけではありません。

実は、優れた抗酸化作用があり、眠っている間に疲れをとって免疫力を高めたり、細胞の新陳代謝を促したりする働きもあります。

この2つの効果を十分に得るには、ただ長時間眠ればいいというわけではありません。

「美肌のゴールデンタイム」という言葉を聞いたことはありませんか？

以前は、22時～深夜2時が成長ホルモンがもっとも多く分泌されるゴールデンタイムだといわれていたのですが、現在では、**何時に眠っても、眠りに落ちてから90分～3時間くらいの深い眠り（ノンレム睡眠）のときに、この2つの分泌量がもっとも多くなる**といわれています。

ただし、眠りにつく時間がその日によって大きく変わったり、朝遅くまで寝ていたりすると、体内時計が狂い、成長ホルモンが十分に分泌されなくなる可能性があるため、毎日だいたい同じ時間帯に眠るようにしましょう。

細胞の修復がしっかり行われるためには、約6～7時間の睡眠が必要です。週末に寝だめをしても、平日の睡眠時間が短いと美肌をつくるのが難しくなるので、たとえば朝7時に起きる人は、できるだけ夜12時半くらいまでにはベッドに入るようにしましょう。

また、成長ホルモンは深い眠りのときに分泌されるので、熟睡できる睡眠環境を整えることも大切です。

眠る直前まで明るすぎる部屋で過ごしたり、パソコンやスマホの明るい画面をじっと見つめていると、脳が「明るいから朝だ」と勘違いしてメラトニンの分泌量が増えず、寝つきが悪くなり、深い眠りを得るのが難しくなります。

そこで、**少なくともベッドに入る2時間くらい前からは、間接照明などに切り換え、部屋を暗めにしてリラックスして過ごしましょう。**

夜勤などで昼夜逆転した生活をしている人は、眠りにつく時間が朝や昼間でも、かまいません。その場合は、メラトニンがしっかり分泌されるよう寝室を暗くして眠り、起きたら蛍光灯の光でもよいので光をしっかり浴びて、活動モードに切り換えましょう。

こまめな水分補給で、「めぐりのよい肌」に！

次に気をつけたいのが、水分摂取です。

私たちの体は、常にたくさんの水を必要としています。血液などの体液となって酸素や栄養を全身の細胞に届けるのも水。余分な老廃物を涙や汗、尿などとして体外に排出するのも水。また、体温が上がったとき、汗を出して体温を調節するためにも水が欠かせません。

もし、水が不足してしまったら、血液などの体液がドロドロになって全身のめぐりが悪くなり、体の生理機能を維持できなくなってしまいます。もちろん、健やかで美しい肌を維持することもできません。

飲んだ水が即、肌のうるおいになるわけではありませんが、**水分をしっかり摂ってサラサラの血液をキープしていれば、肌に新鮮な酸素と栄養が届けられ、肌荒れなどのトラブルも起こりにくくなります。**

また、新陳代謝も活発になり、ターンオーバーを促進することにつながります。

よく、1日に2リットル以上の水を摂ろうといわれますが、1日に必要な水分量は、身長や体重、年齢、運動量によっても違ってきます。食事からも水分を摂取しているので、**飲料水による摂取量の目安は、だいたい1・5リットルくらい**でしょう。

私たちは、息をして生きているだけでも、1日に約1リットルくらいの水分を失っています。喉や口が渇いたな、と思うときのは体の水分量の2%が失われたとき。すでに軽い脱水状態に陥っています。

ですから、常にペットボトルなどを手元において、喉や口の渇きを感じる前に、少しずつこまめに水分補給するようにしましょう。

体が素直に吸収できるのは、ミネラルウォーターのようなミネラルバランスのよい水です。玉露のようなコーヒー並みにカフェインを多く含むものでなければ、お茶でもかまいません。

ただし、冷たすぎると内臓が冷えてしまい、新陳代謝が低下してしまいますから、**暑い夏でもできるだけ常温で飲む**ようにしましょう。

カフェインやアルコールには利尿作用があり、摂取した以上の水を体外に排出してしまうので、水分補給には向いていません。コーヒーやお酒の飲みすぎには十分に注意しましょう。とくにお酒を飲むときは、同量の水を飲むようにして、脱水を防ぐようにしましょう。

甘い清涼飲料水は、お菓子と同じです。健康によくないだけでなく、ニキビやムクミの原因になってしまうので控えめにしましょう。

また、「飲んだら出す」ということも大切です。

あたりまえですが、トイレはガマンしないでこまめに行くこと。

また、お風呂はシャワーだけ、という人も多いのですが、**できるだけ湯船につかって汗をかき、不要な水をしっかり排出**しましょう。

この2つに注意するだけでも、冷えやむくみも改善されてめぐりのよい体になり、肌のコンディションもよくなっていきますよ。

良質なたんぱく質と良質な油を摂って、しなやかなツヤ肌に

聞き飽きた言葉かもしれませんが、栄養バランスのよい食事は、健康的な肌づくりの基本です。

美容にいい栄養というと、すぐにビタミンA・C・Eや、ポリフェノールなどを思い浮かべるかもしれませんね。美容や健康に対する意識が高い人ほど、「野菜中心の食事」にこだわったり、サプリメントでビタミンやミネラルを補給している人が多いようです。

でも、**肌の悩みを抱えている人に圧倒的に多いのは、たんぱく質不足**です。

とくに、外食が多い人、コンビニのお弁当やファストフードなどをよく食べる人は、どうしてもたんぱく質不足になりがちではありませんか？

皮膚はもちろん、血管や血液、骨や筋肉、内臓、ホルモンなど、体のあらゆるものはたんぱく質でできています。したがって、たんぱく質不足では、ハリとツヤのある美しい肌をつくることができませんし、ターンオーバーがうまくいか

ず、ニキビや肌荒れを招く要因になってしまいます。
まずは、**肉や魚、大豆食品などでたんぱく質をしっかり摂る**ようにしましょう。赤身のお肉や魚には、美肌づくりに欠かせないビタミンや鉄分やマグネシウムなどのミネラルもしっかり含まれていますよ。

また、良質な油を摂ることも大切です。

肌の乾燥を防ぎ、しなやかさとツヤをもたらす自前のオイル＝皮脂を生み出すためにも、その材料となる良質な油が必要です。ふだんの食生活では不足しがちなオメガ3系の油を意識的に摂るようにしましょう。

オメガ3系の油は、マグロやサバ、アジ、イワシなどの青魚に多く含まれています。また、植物油脂ではαリノレン酸として**アマニ油（フラックスシードオイル）**や**エゴマ油、シソ油**などに多く含まれています。

オメガ3系の油は、肌の炎症を抑える作用でも知られる「飲む美容オイル」です。青魚は苦手という人は、アマニ油などを料理にさっとかけていただきましょう。**1日にティースプーン1〜2杯**が目安です。

添加物と糖質の摂りすぎには注意！

私は食の専門家ではありませんが、長年の経験で、肌を見ればその人がどんな食生活を送っているかが、だいたいわかります。

一番わかりやすいのは、便利な加工食品やファストフード、ジャンクフードなど、添加物の多いものを日常的に食べている人の肌。

若い人でも新陳代謝が低下していて、同じニキビや肌荒れ、くすみでも回復力が弱く、キメも粗くなりがちです。

食品も化粧品と同じで、安いものは品質が悪い、高いものは品質がよいというわけでは決してありません。でも、価格を下げるために大量生産されたもの、長期間保存が可能な食べ物の多くは、質のよくない油や糖質（炭水化物）、添加物を使っています。

そんなものを日常的に食べていたら、健康的な細胞をつくれなくなってターンオーバーが遅くなるのは当然。皮脂の質も低下してしまいます。

美肌にこだわるなら、高い化粧品をあれこれ買うより、多少お値段が高めでも、新鮮で良質な食材だけを使ってつくったものを食べたほうが、結局お得。

とくに、ジャンクフードは、あまり質のよくない油・砂糖・小麦粉と添加物の固まりなので、できるだけ避けるようにしましょう。

また、甘いものやご飯、麺類、パン類など、糖質の摂りすぎは、さまざまな肌トラブルやシミ・シワなどの肌老化を招きます。なぜなら、糖質を代謝するために必要なビタミンB群は、正常なターンオーバーを維持するためにも必要不可欠な栄養素だから。

最近は糖質制限ダイエットをする人も多いのですが、美肌づくりのために極端な糖質制限をしたり、大好きな甘いものをガマンしたりする必要はありません。

糖質を摂ったら、その分、肉や魚、野菜などをしっかり摂って、ビタミンB群や抗酸化作用のあるビタミンA・C・Eをしっかり摂るようにすればよいだけ。

食事制限によるストレスは、美肌にとってもの大敵です。

美味しく食べて健康と美肌を得られるよう、工夫していきましょう。

疲れやストレスは、ハンドプレスで癒やしましょう

「ニキビをなんとかしたい」と相談に来られた30歳のAさんは、看護師さん。口とあごのまわりが赤く炎症したニキビにおおい尽くされていて、肌色が見えなくなっているような状態でした。

ご本人曰く、「マスクをしているせい」とのことでしたが、顔全体もくすんでいて、どう見てもマスクのせいだけとは思えません。夜勤で毎日生活リズムが変わるため、体内時計が乱れているのは確実。また、十分な休みがとれないストレスで、胃腸の調子も悪く、ホルモンバランスもかなり乱れている様子でした。

そこで、まずクレンジングミルクによる「超洗顔」に切り換えていただくようおすすめするとともに、洗顔後に5分ほど時間をかけてゆっくり〝ハンドプレス〟するようおすすめしました。

ハンドプレスは、**手のひら全体を使って肌をやさしく包み込むように手を当て**

ていく、サロンで行われるフェイシャル・トリートメントでも使われるテクニックです。

〝手当て〟〝お手入れ〟という言葉があるように、**人の手には疲れやストレスを癒やす力があります。**不思議なことに、セラピストによって、肌への触れ方も、その効果もそれぞれ異なるのですが、熟練したプロのセラピストの中には、ハンドプレスだけで心身の疲れをほぐし、肌のハリを蘇らせることができる者もいます。そういうセラピストは、「神の手」と呼ばれたりします。

ありがたいことに、私も今まで多くの方にそのようにおっしゃっていただきました。この不思議なチカラは、本来、誰もが持っているものです。その力の源となっているのは、**〝幸せホルモン〟〝愛情ホルモン〟とも呼ばれる「オキシトシン」**です。

オキシトシンは、出産の際、子宮を収縮させて赤ちゃんを押し出したり、母乳が出るよう促すホルモンです。また、お母さんに抱っこされているときは、赤ちゃんの脳の中でもオキシトシンが大量に分泌されています。しっかり抱っこされ、愛情や幸せを感じることができた赤ちゃんは、大人になっても精神的に安定した、ストレスに強い子供に育つといわれています。でも、それだけではありません。

実は、オキシトシンには、**肌の弾力因子を増加させ、ハリのある肌へと導く力**があることもわかっています。

オキシトシンは、**自分自身の肌にやさしく触れるだけでも分泌されます。**

ストレスがたまっているとき、疲れているとき、肌バランスが乱れているとき、ぜひゆっくりと時間をかけてハンドプレスをしてください。そして、その癒やしの時間を楽しんでください。心を鎮めてくれる、ゆったりした音楽を聞きながら行うと、より効果的です。

先ほどのAさんも最初は半信半疑だったようですが、「超洗顔」の5分間＋ハンドプレスの5分間＝計10分間を毎日続けてもらいました。すると1カ月後、ニキビが消え、見違えるほどツルンとしたツヤツヤ・うるうるのたまご肌になり、「どうしても先生に見てもらいたくて」と、わざわざ報告に来てくれました。こういう幸せそうな笑顔を見るたび、スキンケアの力を実感させられます。

スキンケアを見直して、ミニマムに

あなたは今、何種類のスキンケア化粧品を使っていますか？

ある研究グループが、50人のフランス人女性に日本式のスキンケアを、日本人女性50人にクレンジングと保湿だけというヨーロッパ式のシンプルなスキンケアを1カ月間ずつ試してもらうという、とても興味深い実験をしています。その結果、フランス人女性は敏感肌になり、日本人女性の敏感肌は改善したのだとか。

スキンケアをフランス人並みにシンプルにする必要はありませんが、あれもこれもと重ねて使いすぎるのは、肌にとってありがた迷惑なのかもしれませんね。

「超洗顔」で肌のコンディションが整ってきたら、どうぞ**「本当に必要なものはどれだろう」**と改めて見直してみてください。

本物の美肌は、それほど多くを欲しません。時間とお金をたくさん投資したほうが美肌になれる、というのはただの幻想です。むしろ、少しずつ引き算をしていくことが、本物の美肌を手に入れるために、とても重要なことなのです。

おわりに

美しい肌は女性を幸せな気持ちで満たし、元気にしてくれます。

ですから、スキンケアは外見をきれいにするだけでなく、心が満たされるものでなければならない、と私は思っています。

仕事や家事、子育てで忙しい毎日の中、「じっくりスキンケアをする時間をつくるのは難しい」と思っている人もいることでしょう。

「仕事で疲れているけど、これだけはしないと……」。そんな義務感でスキンケアをしている人もいるかもしれません。でも、それでは幸せを感じることができません。忙しいとき、疲れているときこそ、「やっとスキンケアができる」とわくわくしながらスキンケアを楽しんでほしいのです。

そのためにも、毎日のスキンケアはもっとシンプルであるべき。

「超洗顔」だけきちんとやっていれば、あとはパパッとすませても大丈夫です。

どうぞ5分間だけ、すべてを忘れてスキンケアを楽しんでください。

不思議なもので、たった5分で肌が変わる、キレイになるとわかると、「もうちょっとお手入れしてみようかな」と、納得してスキンケアの時間をつくれるようになってきます。

また、一般的にスキンケアやスキンケア化粧品は、肌荒れやニキビ、シミやシワなどの「トラブルに効く」というものほど注目され、ヒットする傾向があります。しかし、何かトラブルが起こってからでは遅いのです。

スキンケアとは本来、「トラブルが起きない肌」「より美しく生まれ変わり続ける肌」をつくるためのもの。「超洗顔」で、そんな本来のスキンケアのすばらしさを実感してください。

生きていれば大変なこともあるけれど、美しく生まれ変わり続ける肌は、きっとあなたの心を支え、人生をより輝かせてくれることでしょう。

本書を手にしてくださったすべての方に、より美しい肌と幸せが訪れることを心から願って。

2020年8月吉日

美容家Caoru

Caoru

美容家
日本エステティック業協会AEA認定講師
日本エステティック業協会AEA認定インターナショナルエステティシャン
大手エステティックサロンにてエステティシャン、スパマネージャーを歴任。確かな技術とホスピタリティが評判を呼び、各界のVIPや有名女優を数多く担当する。フランス、イタリアの美容学校にて海外のフェイシャル、ボディテクニックを習得した後に、独立。美容コンサルタントとしてホテルスパ、化粧品メーカーなどのコンサルティングに携わるほか、美容学校にてプロを目指す学生への技術指導、美容アプリの開発など多方面で活躍する。現バンタンデザイン研究所、フェイシャル専門講師。
HP　https://leclat-beauty.com/

カバー著者近影　撮影／園田昭彦、ヘアメイク／末光陽子

スキンケアは洗顔が9割
肌が最高キレイになるCaoru式「超洗顔」法

2020年9月10日　第1版第1刷発行

著　者　Caoru
発行者　清水卓智
発行所　株式会社PHPエディターズ・グループ
〒135-0061 江東区豊洲5-6-52
03-6204-2931
http://www.peg.co.jp/
発売元　株式会社PHP研究所
東京本部　〒135-8137 江東区豊洲5-6-52
普及部　03-3520-9630
京都本部　〒601-8411 京都市南区西九条北ノ内町11
PHP INTERFACE　https://www.php.co.jp/
印刷・製本所　図書印刷株式会社

ISBN978-4-569-84729-0